sobre
solo
fértil

Scott A Shane é professor de economia e empreendedorismo na Weatherhead School of Management da Case Western Reserve University, onde ministra aulas de empreendedorismo em alta tecnologia. Foi professor nas escolas de administração do MIT e da Georgia Tech e da escola de negócios da Universidade de Maryland.

Autor de mais de 50 artigos sobre empreendedorismo e gestão da inovação, Shane tem entre suas obras *A General Theory of Entrepreneurship*, *Foundations of Entrepreneurship*, *Entrepreneurship: A Process Perspective* e *Academic Entrepreneurship*. É editor de Empreendimento e Inovação do periódico *Management Science*. Tem Ph.D pela Wharthon School, Universidade da Pennsylvania.

S528s   Shane, Scott A.
          Sobre solo fértil: como identificar grandes oportunidades para empreendimentos em alta tecnologia / Scott A. Shane; tradução Werner Loeffler. – Porto Alegre: Bookman, 2005.
          180 p. ; 25 cm.

          ISBN 85-363-0542-8

          1. Administração – Empreendedorismo – Alta tecnologia.
I. Título.

          CDU 658.012.3:6

Catalogação na publicação: Júlia Angst Coelho – CRB Provisório 05/05

Scott A. Shane

Departamento de Economia
Weatherhead School of Management
Case Western Reserve University

sobre solo fértil

Como identificar grandes oportunidades para empreendimentos em alta tecnologia

Consultoria, supervisão e revisão técnica desta edição:
Gustavo Severo de Borba
Mestre em Engenharia da Produção pela UFRGS
Professor do curso de Gestão para Inovação e Liderança da Unisinos/RS

2005

Obra originalmente publicada sob o título
Finding fertile ground: identifying extraordinary opportunities for new ventures

© 2005 Pearson Education, Inc.,
sob o selo Wharton School Publishing
Todos os direitos reservados.
ISBN 0-13-142398-3

Capa
Amarílis Barcelos

Leitura final
Mareci Pedron de Oliveira

Tradução
Werner Loeffler

Supervisão editorial
Arysinha Jacques Affonso e Denise Weber Nowaczyk

Projeto e editoração
Armazém Digital Editoração Eletrônica – Roberto Vieira

Reservados todos os direitos de publicação, em língua portuguesa, à
ARTMED® EDITORA S.A. (Bookman® Companhia Editora é uma divisão da Artmed® Editora S.A.)
Av. Jerônimo de Ornelas, 670 – Santana
90040-340 Porto Alegre RS
Fone: (51) 3027-7000 Fax: (51) 3027-7070

É proibida a duplicação ou reprodução deste volume, no todo ou em parte,
sob quaisquer formas ou por quaisquer meios (eletrônico, mecânico, gravação,
fotocópia, distribuição na Web e outros), sem permissão expressa da Editora.

SÃO PAULO
Av. Angélica, 1091 – Higienópolis
01227-100 São Paulo SP
Fone: (11) 3667-1100 Fax: (11) 3667-1333

SAC 0800 703-3444

IMPRESSO NO BRASIL
PRINTED IN BRAZIL

Para Lynne, por seu apoio nesta obra
e em tudo mais que eu faço.

Agradecimentos

Decidi escrever este livro depois de lecionar uma disciplina de empreendedorismo em tecnologia para alunos de MBA no MIT (Massachussets Institute of Technology) e na Universidade de Maryland. A disciplina era muito popular porque demonstrava como se pode iniciar um novo negócio que tinha uma alta probabilidade de lançar ações no mercado ou de se tornar um empreendimento privado de alto crescimento. Entretanto, encontrar material sobre o assunto para os alunos lerem era bastante difícil. Não havia livro que discutisse empreendedorismo em alta tecnologia de uma forma que mostrasse às pessoas como identificar uma oportunidade de negócios para explorar uma nova tecnologia com sucesso. Como resultado, eu tinha de pesquisar uma série de artigos acadêmicos para encontrar os materiais de que precisava para explicar as questões-chave que identificam uma oportunidade desse tipo. Minhas interações com os alunos e, em especial, suas perguntas sobre os artigos que haviam lido e sobre as aulas que tiveram forneceram a base para a construção deste livro. Portanto, gostaria de agradecer a todos eles por sua curiosidade intelectual, a qual me ajudou a descobrir o que aspirantes ao empreendedorismo em tecnologia realmente precisam saber sobre como desenvolver um conceito de negócios eficaz.

Também gostaria de agradecer a todos os professores e profissionais da área a cujos trabalhos recorri para criar a estrutura deste livro. Embora as idéias aqui apresentadas tenham sido influenciadas por muitas pessoas, algumas foram especialmente importantes: David Audretsch, Amar Bhide, Clay Christiansen, Richard Foster, Alvin Klevorick, Richard Levin, Geoffrey Moore, Richard Nelson, Everett Rogers, David Teece e Jim Utterback. Os livros e artigos que essas pessoas escreveram foram extremamente valiosos para me ajudar a desenvolver as idéias apresentadas neste livro.

Ao longo dos anos, tive uma série de colaboradores que me ensinaram bastante sobre empreendedorismo em tecnologia. Em especial, Robert Baron, Dan Cable, Frederic Delmar, Jon Eckhardt, Bill Gartner, Ian MacMillan e S. Venkataraman. Outros colegas generosamente dispuseram de seu tempo para discutir empreendedorismo comigo, dessa forma moldando muitas das idéias deste livro, incluindo-se: Bob Baum, Terry Blum, Per Davidsson, Brent Goldfarb, David Kirsch,

Rudy Lamone, Ed Roberts, Saras Sarasvathy, Scott Stern, Rama Velamuri e Eric von Hippel. Gostaria de agradecer a todos eles. Este livro não teria sido possível sem a ajuda dessas pessoas.

Também gostaria de agradecer ao meu editor, Jim Boyd, o qual não apenas acreditou na minha visão de buscar idéias desenvolvidas por professores e por profissionais talentosos e de transformá-las em um livro prático para ajudar as pessoas a se tornarem exitosos empreendedores em tecnologia, como também foi fundamental na operacionalização dessa visão. Seus esforços para me ajudar a produzir o tipo certo de livro, fornecendo explicações e exemplos suficientes para educar os leitores, sem ser demasiadamente acadêmico, foram de grande valor.

Por fim, gostaria de agradecer a minha esposa, Lynne e a minha filha, Hannah. Cada uma delas me ajudou à sua maneira. Hannah, como fonte de alegria e inspiração (bem como uma excelente parceira quando eu precisava de uma pausa no trabalho). Lynne, ao estar sempre disposta a discutir o meu trabalho e me dar *feedback* sobre ele, bem como por encorajar e apoiar meus esforços para criar este livro.

Apresentação à edição brasileira

A alta taxa de mortalidade das pequenas e médias empresas nos primeiros anos de atividade sempre foi preocupante. Estima-se que no Brasil entre 50% e 80% das pequenas empresas encerrem suas atividades nos primeiros anos de existência, acarretando um enorme desperdício de esforço e dinheiro por parte dos empreendedores. Mesmo nos países desenvolvidos, que possuem programas consolidados de apoio às pequenas empresas, as estatísticas não são muito mais animadoras. Nos EUA, 40% dos negócios iniciados não sobrevivem mais que um ano. Para o caso brasileiro, que possui um caráter tão específico, esta é uma questão crucial, já que um alto percentual dos empregos é gerado pela pequena empresa, enquanto as grandes estão cada vez mais reduzindo seus postos de trabalho.

Muitas são as razões que explicam esse alto índice de fechamento de pequenas empresas no Brasil: dificuldade de obtenção de crédito, perfil inadequado do empreendedor, altos tributos, economia flutuante, entre outros. Porém, um fator que seguramente contribui, e muito, para a alta taxa de mortalidade é a falta de vocação para inovação e identificação de oportunidades de negócio. Empreendedorismo e inovação andam de mãos dadas. Não é à toa que Schumpeter, o renomado economista austríaco da primeira metade do século XX, tratou de ambos os temas em sua obra, sendo por muitos considerado o primeiro economista a dar um papel de destaque à inovação e ao empreendedorismo como peças-chave para o desenvolvimento das nações.

Para alguns setores, investir em melhorias de produto e processo é fundamental. Se em setores mais tradicionais encontram-se produtos com algumas décadas de existência, em outros, como o eletroeletrônico, o nível de obsolescência é muito alto. Nesse sentido, o livro do Prof. Shane é extremamente oportuno ao discutir a criação de novos negócios diferenciados, que investem em inovação, sobrevivem aos primeiros anos, criam empregos e contribuem para a estabilidade e a riqueza do país.

Neste cenário, o autor busca identificar os elementos que podem fazer a diferença entre os empreendedores bem-sucedidos e os que fracassam. Shane aponta que a maioria dos livros que trata do tema empreendedorismo está vinculada a duas abordagens: ou foca em questões operacionais relacionadas a como abrir um novo negócio ou na identificação das características importantes do empreendedor. A primeira abordagem, dado o grande número de novos negócios em nosso país, pode ser percebida como limitada. A segunda pressupõe que exista uma série de atributos que garantem o sucesso do empreendedor. Esta abordagem desconsidera variáveis ambientais relacionadas ao setor e a cenários econômicos, entre outras.

Shane identifica como ponto de alavancagem para o sucesso do empreendedor a escolha de uma boa oportunidade para começar um novo negócio. Salienta que inúmeras pesquisas acadêmicas tratam deste tema e busca, neste livro, identificar ferramentas para apoiar o processo de análise das oportunidades de negócio e de desenvolvimento do conceito de negócio.

Além disso, o foco da obra, negócios baseados em tecnologia, é bastante pertinente, dado que grande parte dos livros sobre o tema são totalmente genéricos. Nestas empresas, a existência de um processo de pesquisa e desenvolvimento adiciona complexidade e outras variáveis que devem ser consideradas no negócio (p. ex., propriedade intelectual, difusão e curvas S, etc.).

O livro apresenta dez regras para os empreendedores que buscam desenvolver um conceito de negócio que será a base de uma empresa de sucesso em alta tecnologia. Cada uma dessas regras é explicada em um capítulo, conforme pode ser identificado na apresentação do autor.

Por fim, sempre é bom lembrar Francis Bacon, que, por volta de 1600, já escrevia: *"A man must make his opportunity, as oft as find it"*. Boa leitura a todos!!

Tales Andreassi
Mestre e Doutor em Administração
Professor de Empreendedorismo da FGV-EAESP

Gustavo Severo de Borba
Coordenador do Curso de Gestão para
Inovação e Liderança da UNISINOS
Mestre em Engenharia da Produção pela UFRGS
Doutorando em Engenharia da Produção pela UFRGS

Sumário

Introdução 13

1. Escolher a indústria certa 23

2. Identificar oportunidades valiosas 37

3. Administrar a evolução tecnológica 53

4. Identificar e satisfazer as reais necessidades do mercado 69

5. Entender a adoção do cliente 83

6. Explorar as fraquezas das empresas consolidadas 97

7. Administrar de forma eficaz a propriedade intelectual 115

8. Apropriar-se dos retornos da inovação 131

9. Escolher a forma adequada de organização 143

10. Administrar os riscos e as incertezas 153

Conclusões 169

Índice 175

Introdução

Nós vivemos em uma sociedade empreendedora, em uma era empreendedora. Nesse contexto, as pesquisas constantemente colocam os Estados Unidos como um dos países mais empreendedores do mundo. Além disso, a taxa de criação de novas empresas nos Estados Unidos cresceu fortemente desde meados da década de 70. O número de organizações criadas a cada ano atingiu níveis nunca vistos desde que se passou a coletar este tipo de informação (os últimos 150 anos). Como resultado dessa orientação empreendedora, aproximadamente 4% da força de trabalho dos EUA está envolvida no processo de criação de novas empresas todo ano![1] – aumentando o total de proprietários de negócio para cerca de 13% da força de trabalho não vinculada ao setor agrícola.[2]

Além disso, nossa economia opera por meio de um processo de destruição criativa. A cada ano, grandes e sólidas corporações são derrubadas de sua posição de domínio por empresas emergentes, cujas novas maneiras de fazer negócios tornam obsoletas as vantagens competitivas de firmas consolidadas. Uma rápida olhada nas páginas da revista *Fortune 500* das últimas décadas indica uma incrível variabilidade entre as empresas ali listadas. Poucas permanecem nessa lista por mais de uma ou duas décadas. A cada ano, novas empresas abrem seu capital e usam-no para desafiar indústrias líderes estabelecidas. A tendência da nossa economia de criar novas empresas que derrubam gigantes em seus setores transformou algumas pessoas em empreendedores de sucesso, tais como Jeff Bezzos, Bill Gates, Michael Dell, Steve Jobs, Sam Walton e Meg Whitman, os quais fundaram empresas "matadoras de gigantes", e tornaram seus nomes conhecidos.

A despeito da orientação empreendedora de nossa economia, e do *status* obtido por empreendedores de sucesso, a maior parte da atividade empreendedora é na realidade um fracasso desolador. Muito semelhante ao comprador habitual de loterias que sonha em ganhar o prêmio máximo e acaba com as mãos cheias de bilhetes perdedores, o esforço empreendedor típico termina no fechamento da empresa, sem qualquer retorno financeiro para seu fundador. Quarenta porcento de todos os novos negócios iniciados nos EUA não vivem por mais de um ano, mais de dois terços dos novos negócios morrem antes de completar seu quinto aniversário e apenas 25% dos novos negócios sobrevivem por oito anos. Além disso, a maioria dos empreendedores lucra muito pouco. Na média, um empreendedor que continua com seu negócio por dez anos – a pequena elite que consegue viver todo esse tempo – ganha apenas 65% do que recebia em seu emprego anterior, incluindo o retorno sobre a posse de ações de sua nova empresa.[3]

O OBJETIVO DESTE LIVRO

Obviamente, algo separa empreendedores de sucesso da grande massa que tenta sua vez nessa atividade todo ano. Este livro identifica a diferença fundamental entre os bem-sucedidos e essa grande massa – a escolha do conceito de negócio correto para explorar uma oportunidade valiosa. O objetivo central deste livro é fornecer a você, potencial ou real empreendedor em tecnologia, as ferramentas necessárias para identificar o conceito de negócio correto para explorar uma oportunidade valiosa.

Naturalmente, as informações fornecidas neste livro não irão garantir seu sucesso em um empreendimento em alta tecnologia. Da mesma maneira que conhecer a forma correta para realizar uma "enterrada" não irá garantir que um jogador de basquete vá ganhar 20 milhões de dólares por ano na NBA, entender o que torna um negócio interessante como empreendimento não garantirá que você, como empreendedor, irá abrir o capital da empresa emergente no mercado de capitais, irá substituir as empresas líderes nesse tipo de indústria, ou mesmo, terá um negócio lucrativo. Entretanto, entender as informações contidas neste livro, e seguir as suas regras, irá aumentar consideravelmente a probabilidade de sucesso.

Você provavelmente percebeu que o título deste livro denota que ele se concentra em empreendedorismo em tecnologia, e eu ainda não disse nada sobre negócios de tecnologia. O título não está errado – o livro realmente é sobre empreendedorismo em tecnologia, e essa é a primeira lição para um empreendedor de sucesso. Na média, os empreendedores têm mais sucesso se criarem empresas emergentes de alta tecnologia do que se eles derem início a empresas de baixa tecnologia. Isso não quer dizer que você não possa ter sucesso com uma empresa de baixa tecnologia. Basta você olhar para Sam Walton e Walmart para reconhecer que isso não é verdade.

Entretanto, ser um empreendedor de sucesso envolve apostar no mais provável, não olhar para exemplos extremos. Assim como a maioria dos jogadores profissionais sabe que não pode garantir que irão ganhar um determinado jogo no cassino em Las Vegas ou em Atlantic City, mas devem participar dos jogos que lhes dêem as melhores chances, a maioria dos empreendedores profissionais irá aproveitar oportunidades com maior probabilidade de se tornarem empresas privadas lucrativas ou de criarem novas empresas de capital aberto. Empreendedores profissionais – empreendedores em série, como Jim Clark, que fundou a Netscape e a Healthon – e seus investidores profissionais, os capitalistas de risco que financiam muitas dessas empresas, quase sempre se concentram em empresas de alta tecnologia porque sabem que as chances de sucesso são maiores. Esses profissionais sabem, por exemplo, que, nos últimos 25 anos, o fator mais importante que define a proporção de empresas iniciantes em uma indústria que se torna uma das *Inc 500* de mais rápido crescimento ou que abriram seu capital é a proporção de funcionários técnicos na indústria. Eles sabem também que o principal indício de novos fracassos nos negócios é o setor no qual a empresa foi fundada, sendo que o varejo e os restaurantes têm índices de fracasso altos.

A despeito do claro efeito do tipo de indústria sobre a probabilidade de sucesso de novos empreendimentos, o empreendedor típico inicia seu negócio na indústria de baixa tecnologia, como varejo ou restaurantes, em que a taxa de fracassos é alta e os lucros médios são os mais baixos. Diferentemente dos empreendedores de sucesso, os empreendedores em geral escolhem abrir negócios nas indústrias erradas, com poucas chances de sucesso.

Embora essa observação seja desencorajadora porque ilustra como a maioria dos empreendedores se atira no erro, ela também é instrutiva. Demonstra que você pode maximizar suas chances de sucesso por seguir o exemplo de empreendedores profissionais e de seus investidores escolhendo as indústrias certas e ignorando o exemplo da massa de empreendedores desinformada e sem sucesso que escolhem os setores errados.

O QUE EU QUERO DIZER COM TECNOLOGIA

É importante esclarecer logo o que quero dizer com tecnologia. Nos últimos anos, os meios de comunicação têm usado a palavra tecnologia com o sentido de tecnologia da informação (TI). Hoje, ao ver a CNBC ou ler o *Wall Street Journal*, se você ouvir ou ler a palavra "tecnologia" para descrever alguma coisa, geralmente está se referindo a empresas de TI. Este livro usa o termo tecnologia no sentido mais amplo e tradicional. Tecnologia é a incorporação do conhecimento de diferentes formas, tornando possível criar novos produtos, explorar novos mercados, usar novas maneiras de organização, incorporar novas matérias-primas ou utilizar novos processos para atender às necessidades de clientes. Certamente, a tecnologia da informação – o uso de zeros e uns de forma digital nos computadores – é uma tecnologia importante, porém há muitas outras com igual importância. As tecnologias baseadas na biologia, tais como as usadas para criar novos medicamentos ou para diminuir a poluição, também são importantes, assim como as tecnologias baseadas na mecânica, como as que fazem bombas ou válvulas.

Quando me refiro à tecnologia neste livro, não me refiro exclusivamente à tecnologia da informação, embora essa seja uma forma de tecnologia. Refiro-me também a microorganismos, novos dispositivos mecânicos, novos materiais e uma série de outras coisas. De modo que quando você visualizar a expressão empresa emergente em tecnologia, não pense apenas em Internet e em empresas de *software*, pense em novas empresas que produzem células de combustível, compósitos cerâmicos, novos medicamentos, válvulas para o coração e uma variedade de outras coisas relacionadas à incorporação do conhecimento como uma maneira de atender às necessidades dos clientes. Portanto, este não é um livro apenas sobre como criar empresas de *software* ou na Internet com sucesso. Pelo contrário, é também um livro sobre como criar empresas exitosas de biotecnologia, dispositivos médicos, materiais, componentes de manufatura e outras indústrias dependentes de novas tecnologias.

NO QUE ESTE LIVRO DIFERE DOS OUTROS LIVROS SOBRE O TEMA

Este livro é diferente da maioria dos livros sobre empreendedorismo em três aspectos importantes. Primeiramente, ele se detém naquilo que é a questão mais importante para um empreendimento de sucesso – escolher uma boa oportunidade para iniciar um novo negócio – e não o que a maioria dos autores escreve – os atributos do empreendedor de sucesso. Por que esta última abordagem pode ser considerada um problema? Devido aos resultados que as pesquisas acadêmicas têm mostrado sobre empreendedorismo. A despeito de décadas de esforços para identificar as características especiais de sucesso dos empreendedores, na realidade, não existe nenhuma. Qualquer pessoa pode se tornar um empreendedor de sucesso. Você não precisa de características psicológicas ou atitudes especiais. Tomemos o exemplo de Bill Gates. Ele não é um bilhão de vezes mais bem-sucedido do que o empreendedor médio que abre um restaurante por ter características psicológicas especiais e atitudes um bilhão de vezes melhores do que o empreendedor médio. Pelo contrário, Bill Gates tem mais sucesso porque a criação do sistema operacional DOS – a tecnologia sobre a qual ele construiu a Microsoft – criou uma oportunidade magnífica para um novo negócio. Ela era muito mais valiosa do que a oportunidade de qualquer dos negócios de varejo ou de restaurante que o empreendedor médio começa.

Não estou querendo dizer que as atitudes empreendedoras e o talento não ajudem aos empreendedores. Certamente ter talento empreendedor e atitudes melhores que as outras pessoas ajuda os empreendedores a obter mais sucesso, considerando que as outras características não fazem diferença. Entretanto, vivemos em um mundo onde todas as outras coisas não são iguais, e o que conta para a vasta maioria dos empreendedores obter sucesso é a oportunidade de negócio que a pessoa escolhe. Pesquisas acadêmicas sobre empreendedorismo mostram que o efeito das oportunidades de negócio sobre o desempenho de novas empresas é tão grande que acabam mascarando o efeito das características do empreendedor. Embora obviamente não seja ruim ser um bom empreendedor, independentemente do negócio que for escolhido, o que realmente interessa é escolher o negócio certo para começar.

Colocando de forma simplificada, mesmo correndo o risco de ser simplista demais, se você abrir uma empresa de biotecnologia, suas chances de sucesso são muito maiores do que se você abrir um restaurante. As diferenças entre uma empresa de biotecnologia e um restaurante são tão grandes que as diferenças entre os empreendedores individualmente não afetam muito o desempenho das empresas.

Se o que separa empreendedores de sucesso do restante é um entendimento de como escolher as oportunidades certas para iniciar uma nova empresa, então o que um bom livro sobre empreendedorismo deveria mostrar a seus leitores é como escolher essas oportunidades. Infelizmente não é isso que a maioria dos livros faz. Este livro é diferente de quase todos os outros sobre empreendedorismo porque coloca de lado a discussão sobre as características que tornam as pessoas melhores empreendedores e concentra-se nas características das grandes oportunidades de novos negócios.

Este livro também difere da maioria dos que se concentram em *como* iniciar uma nova empresa por focar em que tipo de negócio é bom iniciar. Embora os livros sobre "como começar um negócio" sejam bons para responder perguntas do tipo "como incorporar uma empresa" ou "como preencher um formulário de imposto", eles não ajudam os empreendedores a iniciar empresas de sucesso. Infelizmente para os empreendedores não há uma resposta para a pergunta "como fazer" que seja o segredo do sucesso. Assim, não há maneira de seguir as recomendações de nenhum dos livros do tipo "como fazer" para aumentar as chances de se tornar um empreendedor de tecnologia de sucesso.

Os livros sobre "como começar" não tratam do que os futuros empreendedores necessitam. Como eu disse ao iniciar esta introdução, a maioria das pessoas não tem problemas para iniciar um negócio, mas tem dificuldades para descobrir qual negócio devem criar. Dessa forma, o que você precisa é de um livro que lhe diga como escolher uma oportunidade de negócio que lhe trará sucesso, não como iniciar-se no mundo dos negócios. Este livro o ajudará a identificar uma oportunidade para seu novo negócio e a definir o conceito de negócio.

Além disso, o livro leva a sério o intento de explicar como escolher a oportunidade de negócio certa pelo desenvolvimento de uma estrutura baseada em pesquisas acadêmicas, as quais mostram o que torna uma empresa exitosa. O livro usa essa estrutura em busca de ferramentas específicas para identificar oportunidades e desenvolver um conceito de negócio que você pode usar para aperfeiçoar o desempenho de seu novo negócio – ferramentas para a avaliação das necessidades do cliente de novos produtos, para medir padrões de adoção e difusão, para financiar novas empresas e para proteger a propriedade intelectual do novo empreendimento. Ao reunir essas ferramentas em um único lugar e traduzi-las de uma linguagem acadêmica para uma linguagem mais comum, este livro proporciona um entendimento de como criar uma empresa de tecnologia de sucesso.

O texto também explica como identificar um conceito que pode sustentar o desenvolvimento de um negócio bem sucedido baseado em tecnologia. Isso é importante porque o desempenho de negócios baseados em tecnologia – como a Internet, produtos químicos de redução de poluição, cerâmica de alta temperatura, células de combustíveis, etc. – dependem de uma variedade de fatores que não estão presentes ou são de menor importância em negócios não-baseados em tecnologia. Os fatores importantes em negócios baseados em tecnologia, os quais serão discutidos em capítulos subseqüentes, incluem propriedade intelectual, aumento constante de retorno, projetos dominantes, difusão e curvas em S. Ao explicar como ajustar os fatores que influenciam o desempenho de negócios em indústrias de alta tecnologia, este livro fornece as ferramentas para criar empresas de sucesso nessas indústrias. Entender e aplicar essas ferramentas certamente irá ajudá-lo, como empreendedor de alta tecnologia, porque a aplicação de muitos conceitos dos negócios de baixa tecnologia para indústrias de alta tecnologia falha em ajudar a maioria dos empreendedores na busca pelo sucesso e, em alguns casos, até mesmo restringe o seu desempenho.

Por que o foco deste livro em fatores importantes para empreendedorismo em alta tecnologia é singular? Uma vez que os negócios baseados em tecnologia, em média, são os negócios emergentes de maior sucesso, você poderia pensar que muitos autores dedicariam sua atenção a esse tipo de negócio. Entretanto, quase todos os livros que existem no mercado discutem empreendedorismo em geral, sem considerar a natureza especial da alta tecnologia. Como resultado, não há bons guias para explicar às pessoas as chaves do sucesso nas empresas de alta tecnologia. Este livro busca preencher esta lacuna. Ele explica como as características especiais da alta tecnologia influenciam o sucesso em negócios novos baseados em tecnologia.

O QUE ESTE LIVRO NÃO FAZ

Até o momento, apresentamos os objetivos deste livro; é justo dizer também quais suas fronteiras e limites. Ele não trata do processo de iniciar uma empresa depois de identificada uma oportunidade valiosa. Ele não trata de plano de negócios ou como conseguir dinheiro ou criar uma equipe de empreendimentos ou ainda como contratar funcionários. Há muitos livros que podem explicar essas coisas. Certamente não fará mal algum ler esses livros, mas as informações contidas neles não substituem o que está aqui. Não importa o que você fará depois de identificar uma oportunidade, é bom que você tenha escolhido uma oportunidade valiosa. E as lições aqui contidas vão ajudá-lo exatamente nisso.

QUEM DEVE LER ESTE LIVRO E QUANDO ELE DEVE SER LIDO

Você deve ler este livro se estiver pensando em abrir um negócio. O ideal é lê-lo quando estiver para decidir o tipo de negócio. Como ele se concentra em identificar um solo fértil para seu novo negócio – que oportunidade você deve buscar e como você deve buscá-la –, é projetado para ajudá-lo a analisar a viabilidade de sua oportunidade de negócio. As estruturas descritas nas páginas seguintes, juntamente com as recomendações para "fazer" e "não fazer" e com as perguntas que você deve se fazer, são projetadas para ajudá-lo a pensar sobre as idéias de negócio que você elaborou. Será que elas são boas para se iniciar um novo negócio? O seu negócio será plantado em solo fértil? Ou será plantado em solo árido, que tornará muito difícil seu sucesso mesmo que você seja um grande empreendedor?

Além disso, você provavelmente tem três ou quatro idéias de novos negócios e não sabe qual delas seguir. A discussão apresentada vai ajudá-lo a descobrir qual dessas oportunidades é a melhor. Até mesmo porque você só vai conseguir perseguir uma de suas idéias de negócio por vez. Assim, seria interessante iniciar com a melhor delas.

Mesmo que você não queira ser o próximo Bill Gates, construindo o próximo grande negócio, abrindo seu capital no mercado de ações e se tornando espetacularmente rico, este livro ainda será valioso. É importante reforçar que é mais fácil ter um bom e confortável negócio se você encontrar solo fértil e perseguir uma oportunidade favorável.

AS FONTES DE CONHECIMENTO SUBJACENTES AO LIVRO

Visto que relacionei a construção deste livro diretamente a pesquisas acadêmicas, buscando construir uma estrutura de entendimento de como criar novas empresas de sucesso baseadas em tecnologia, devo citar a fonte das informações nas quais se baseia este livro. Ele tem duas fontes específicas. Algumas partes da estrutura e da evidência apresentadas aqui se baseiam em minha própria pesquisa. Outras se baseiam nas pesquisas de colegas. Independentemente da fonte, este livro compila, combina e traduz para uma linguagem simples o material que só está disponível em uma série de diferentes artigos acadêmicos e livros. Como resultado, você encontrará todos os conceitos-chave que necessita para entender como se tornar um empreendedor de sucesso em tecnologia resumidos e explicados em um único lugar, apresentado de maneira clara e direta.

AS LIÇÕES FUNDAMENTAIS

Os empreendedores de sucesso em tecnologia abordam o empreendedorismo de forma diferente, não porque sejam mais inteligentes do que as outras pessoas ou diferentes delas, mas porque aprenderam a identificar oportunidades valiosas para novas empresas de tecnologia. Este livro apresenta dez regras para os empreendedores seguirem, a fim de desenvolver um conceito de negócio que irá fornecer a base para uma empresa de sucesso em alta tecnologia. Cada uma dessas regras é explicada em um capítulo diferente do livro. As regras são:

1. Escolha o setor certo.
2. Identifique oportunidades valiosas.
3. Administre transições tecnológicas.
4. Identifique e satisfaça as reais necessidades do mercado.
5. Entenda como ocorre a adoção do cliente.
6. Explore as fraquezas das empresas consolidadas.
7. Administre a propriedade intelectual.
8. Crie barreiras às imitações.
9. Escolha a forma adequada de organização.
10. Administre o risco e a incerteza.

UMA VISÃO GERAL DOS CAPÍTULOS

A primeira regra do empreendedorismo em tecnologia é escolher o setor certo. Algumas indústrias são melhores do que outras para a criação de novas empresas. Por exemplo, a quarta parte de todas as empresas da lista das 500 empresas privadas de crescimento mais rápido da revista *Inc*, desde 1982, é composta por empresas de *software*. Além disso, a proporção de empresas emergentes em uma indústria que passa por uma abertura de capital inicial ou são listadas na revista *Inc 500* varia em um fator de mais de 800 vezes entre algumas das indústrias mais favorecidas e algumas das menos favorecidas. O Capítulo 1 identifica os setores ou as indústrias mais favoráveis para a criação de novas empresas e explica por que esses espaços são mais favoráveis do que outros. Especificamente, o capítulo examina cinco dimensões relacionadas às diferenças entre as indústrias, as quais influenciam o desempenho de novas empresas: condições de conhecimento, condições de demanda, ciclos de vida industriais, a presença ou a ausência de um projeto dominante e a estrutura da indústria.

A segunda regra do empreendedorismo em tecnologia é identificar oportunidades valiosas. Uma das ironias do empreendedorismo é que, a despeito da motivação dos empreendedores, na realidade, não necessitamos de muitos novos negócios. As empresas já estabelecidas atendem a maior parte das necessidades do mercado com bastante eficácia porque, na ausência de algum tipo de mudança externa, alguém já descobriu como satisfazer as necessidades dos potenciais clientes. Portanto, para ser um empreendedor de sucesso em tecnologia, você precisa encontrar uma mudança externa que cria uma oportunidade para um novo negócio. O Capítulo 2 explica por que as oportunidades para novas empresas em tecnologia existem e quais são as fontes dessas oportunidades. Em geral, três fontes de mudanças – nova tecnologia, mudanças políticas e na legislação, e movimentos sociais e demográficos – abrem oportunidades. O capítulo também discute os tipos de inovações que geram oportunidades empreendedoras, bem como o lugar dentro e fora da cadeia de valor onde essas inovações tendem a ocorrer. Além disso, o capítulo explica por que e como algumas pessoas identificam essas oportunidades.

A terceira regra do empreendedorismo em tecnologia consiste em administrar as transições tecnológicas. O sucesso do empreendedor é ampliado quando se inicia uma empresa buscando uma transição de um paradigma tecnológico para o outro, porque a mudança no paradigma tecnológico diminui as vantagens das empresas já estabelecidas. Por exemplo, poucos empreendedores foram capazes de desafiar a posição da Kodak em filmes tradicionais, mas a mudança para tecnologia de câmeras digitais tornou possível para muitos empreendedores entrar e competir com a Kodak. O Capítulo 3 explica como administrar as transições tecnológicas para ter sucesso. O Capítulo 3 busca analisar:

- Por que as tecnologias seguem padrões evolucionários de mudança que abrem pontos discretos de transição entre paradigmas tecnológicos valiosos para os empreendedores.
- Como prever o padrão em forma de S do desenvolvimento tecnológico e usar esse padrão para administrar quando e como entrar em uma indústria.

- Como projetos dominantes influenciam a concorrência para novos empreendimentos.
- Como explorar padrões técnicos para aumentar o sucesso de seu novo negócio.
- O que fazer de diferente para ter sucesso em negócios em que os retornos aumentam ao longo do tempo, o que é comum em alta tecnologia.

A quarta regra do empreendedorismo em tecnologia é identificar e satisfazer uma verdadeira necessidade do mercado. Para ter sucesso você precisa lançar um novo produto ou serviço que ofereça uma solução econômica para uma necessidade não-satisfeita do cliente ou que satisfaça melhor do que as alternativas existentes. O Capítulo 4 explica como empreendedores de sucesso fazem para identificar as necessidades dos clientes em produtos e serviços de alta tecnologia de maneiras que vão além dos métodos de pesquisa de mercado tradicionais de estudo e de grupos de interesse. O capítulo fornece *insight* sobre por que e como as vantagens de novas firmas de sucesso estão no desenvolvimento de produtos e não na produção ou *marketing*. Finalmente o capítulo explica como empreendedores de sucesso em tecnologia identificam os tomadores de decisões-chave em compras, bem como de que maneira esses empreendedores definem os preços de seus novos produtos e serviços para torná-los atraentes a esses tomadores de decisão.

A quinta regra do empreendedorismo em tecnologia é entender a adoção do cliente e a dinâmica de mercado. Contrariando o conceito popular de que avaliar mercados é tão simples quanto procurar grandes mercados, avaliar mercados para produtos e serviços de tecnologia nova é relativamente complicado. Em especial, exige que os empreendedores de sucesso usem uma abordagem dinâmica que anteveja os padrões de adoção para produtos e serviços de novas tecnologias e expliquem como os mercados para esses produtos e serviços evoluem. O Capítulo 5 explica por que as novas empresas devem concentrar seus esforços de desenvolvimento de novos produtos ou serviços em segmentos de mercado específicos, bem como por que é difícil escolher onde concentrar o esforço. O capítulo também explica como empreendedores de sucesso avaliam o cliente e suas razões de compra como uma maneira de determinar onde concentrar seus esforços. Além disso, o capítulo discute a evolução dos mercados para produtos e serviços de alta tecnologia, especialmente a dinâmica de difusão e substituição tecnológicas.

A sexta regra do empreendedorismo em tecnologia é explorar os pontos fracos das empresas já estabelecidas. Na maior parte do tempo, as empresas já estabelecidas têm sucesso ao concorrer com novas empresas por causa das vantagens relacionadas com o *marketing* e a produção. Entretanto, elas têm diversos pontos fracos que dificultam seus esforços em explorar oportunidades tecnológicas que as novas empresas podem explorar. O Capítulo 6 identifica o que fazer para vencer a concorrência com as firmas já estabelecidas em ambientes de alta tecnologia. Explica, por exemplo, por que ir atrás de tecnologias incertas e de ruptura que exigem novas arquiteturas, concentrando-se primeiramente nos clientes em pequenos segmentos de mercado e a partir daí expandindo o seu mercado. O capítulo também explica por que se concentrar em tecnologias que canibalizem os investimentos de empresas já estabelecidas, tornem obsoletas suas instalações e imponham altos custos de saída para as empresas que usam a tecnologia anterior.

A sétima regra do empreendedorismo em tecnologia consiste em administrar a propriedade intelectual de maneira eficaz. Lançar um produto ou serviço que atenda a uma necessidade do mercado é uma condição necessária, mas não suficiente, para lucrar com a inovação. Você também precisa proteger sua inovação de imitações. O Capítulo 7 discute as idéias básicas por trás da apropriação dos retornos das inovações, concentrando-se na escolha entre segredo e patenteamento.

A oitava regra do empreendedorismo em tecnologia consiste em criar barreiras às imitações. O Capítulo 8 examina como criar barreiras às imitações controlando os recursos, estabelecendo uma reputação, criando uma vantagem de pioneiro, explorando a curva de aprendizagem e usando recursos complementares na produção, *marketing* e distribuição.

A nona regra do empreendedorismo em tecnologia é escolher a forma adequada de organização. O Capítulo 9 explica quando é melhor ser o dono das várias partes da cadeia de valor, tais como desenvolvimento de produto, produção e distribuição, e quando é melhor usar mecanismos baseados no mercado, tais como direitos de exploração de patentes, franquia e alianças estratégicas, para controlá-las.

A décima regra consiste em administrar de maneira eficaz o risco e a incerteza. O Capítulo 10 descreve as ferramentas e as técnicas que os empreendedores de sucesso usam para reduzir, realocar e administrar o risco. Também discute o uso de opções reais e análise de cenários, técnicas comportamentais para convencer outros a correr riscos, tais como escalonamento do comprometimento, reunir diferentes grupos ao mesmo tempo e habilidades de consolidação.

A conclusão do livro retorna ao tema introduzido no primeiro capítulo sobre a importância de identificar oportunidades valiosas de criar empresas de novas tecnologias. Especificamente, resume as ações principais para conseguir uma oportunidade que sustente, e até mesmo promova, a criação de uma empresa de alta tecnologia.

O capítulo a seguir explora a primeira lição-chave para dar início a uma empresa de sucesso em alta tecnologia: escolher a indústria certa.

NOTAS

1. P. Reynolds and S. White, *The Entrepreneurial Process: Economic Growth, Men, Women and Minorities* (Westport, CT: Quorum Books,1997).
2. B. Hamilton, "Does Entrepreneurship Pay? An Empirical analysis of the Returns to Self-employment." *Journal of Political Economy* 108 no. 3(2000): 604–31.
3. Ibid.

Escolher a indústria certa

1

Embora os empreendedores gostem de pensar que são capazes de vencer todos os obstáculos que a vida colocar à sua frente, ser um empreendedor de sucesso em tecnologia tem maior relação com enxergar as melhores chances. Embora você certamente precise de equilíbrio para escolher a melhor chance e ver seus limites e garantir que não está perseguindo um empreendimento em uma indústria sobre a qual não possui conhecimento, você precisa ter em mente que seu sucesso depende em grande parte da escolha do setor certo no qual irá abrir uma nova empresa. Algumas indústrias operam por meio de uma dinâmica de destruição criativa, e, como resultado, os empreendedores tendem a se sair muito bem. Nessas indústrias, os empreendedores entram com novas empresas, desafiam empresas consolidadas com base em novas idéias, rompem com as velhas formas de produção, organização e distribuição, e substituem as empresas antigas. Exemplos de indústrias nas quais esse processo de destruição criativa opera e os empreendedores tendem a obter sucesso são os processos químicos, discos de computador, ferramentas para máquinas e iluminação.[1]

Outras indústrias operam por meio da dinâmica de acumulação criativa, e os empreendedores tendem a se sair muito mal. Nessas indústrias, os empreendedores entram e desafiam as empresas já estabelecidas com base em suas novas idéias. Entretanto, as empresas já estabelecidas defendem suas velhas formas de produção, organização e distribuição, e as novas empresas tendem a fracassar. Exemplos de indústrias nas quais esse processo de acumulação criativa tende a ocorrer são as de produtos químicos orgânicos, telecomunicações e eletrônica.[2]

Este capítulo se concentra em identificar os atributos que tornam uma indústria favorável para novas empresas. A primeira seção fornece evidência empírica das diferenças existentes entre os setores da economia, com relação à facilidade de abertura e sucesso de um novo negócio. Cada uma das seções subseqüentes revisa diferentes dimensões das diferenças entre as indústrias que influenciam o desempenho de novas empresas: condições de conhecimento, condições de demanda, ciclos de vida industriais e estrutura industrial.

OLHAR AS EVIDÊNCIAS

Se você está pensando em abrir uma empresa de nova tecnologia, pode e deve examinar quão favoráveis as diferentes indústrias são para novas empresas. Um ex-aluno de doutorado, Jon Eckhardt, atualmente professor na Universidade de Wisconsin, comparou a proporção de empresas emergentes em diversas indústrias que entraram na lista das 500 da revista *Inc*, a lista das jovens empresas privadas de mais rápido crescimento. De 1982 até 2000, Jon achou altíssimos níveis de variação dessa medida (veja a Tabela 1.1).[3] Por exemplo, os dados mostram que as chances de iniciar uma empresa de biotecnologia que entrasse nas 500 da *Inc* eram 265 vezes maiores do que as chances de iniciar um restaurante que entrasse nas 500 da *Inc*, e que as chances de iniciar uma empresa de *software* que entrasse na lista eram 823 vezes maiores do que as chances de abrir um hotel que entrasse na lista. Em resumo, o empreendedor médio abrindo uma nova empresa média terá maior probabilidade de criar uma empresa privada de alto crescimento ou uma empresa de capital recém aberto em algumas indústrias do que em outras.

> **PARE! NÃO FAÇA ISSO!**
>
> 1. Não comece um negócio sem investigar quão favorável aquele tipo de indústria é para novas empresas.
> 2. Não lute contra as evidências. Não comece um negócio em uma indústria que seja desfavorável para empresas emergentes.

Assim, como vamos explicar esses padrões de dados? A menos que a maioria dos empreendedores talentosos sejam levados para algumas indústrias (por exemplo, biotecnologia), e não para as outras (por exemplo, hotéis), algumas indústrias simplesmente são melhores para empresas emergentes do que outras. Isso significa que você precisa entender as características das indústrias que tornam umas melhores para empresas emergentes do que outras, se quiser aumentar suas chances de sucesso. As pesquisas mostram que quatro diferentes dimensões importam: condições de conhecimento, condições de demanda, ciclos de vida industriais e estrutura industrial.

CONDIÇÕES DE CONHECIMENTO

Certas indústrias são mais favoráveis a novas empresas do que outras pelas condições de conhecimento subjacentes àquela indústria. Por quê? Porque algumas condições de conhecimento são mais fáceis para as novas empresas administrarem, enquanto outras requerem o *expertise* existente em empresas consolidadas.

TABELA 1.1
Percentagem de novas empresas em indústrias selecionadas que se tornaram empresas *Inc.* 500

Indústria	Percentual de empresas emergentes
Fábricas de pasta para fazer papel	18,2
Computadores e equipamentos de escritório	4,2
Mísseis guiados, veículos espaciais, componentes	3,3
Laminação e trefilação de não-ferrosos	2,4
Aluguel de trens	2,2
Dispositivos de medição e controle	2,0
Fábrica de papel	2,0
Equipamento de pesquisa e navegação	1,9
Equipamentos de comunicação	1,9
Medicamentos	1,8
Instrumentos e utensílios médicos	1,8
Bagagem	1,7
Calçados que não sejam de borracha	1,5
Mercadorias negociadas em bolsa	1,4
Suprimentos de aquecimento e ar-condicionado	1,2
Maquinaria industrial em geral	1,2
Equipamento fotográfico e acessórios	1,1
Formulários comerciais diversificados	1,1
Dispositivos domésticos	1,0
Aparelhos elétricos industriais	1,0
Serviços jurídicos	0,008
Restaurantes e bares	0,007
Empreiteiros de carpintaria e assoalho	0,006
Imobiliárias	0,006
Hotéis e motéis	0,005
Pintura e papel de parede	0,005
Padarias (varejo)	0,005
Supermercados	0,005
Lojas de usados	0,004
Oficinas de automóveis	0,004
Salões de beleza	0,004
Cuidado residencial	0,004
Vídeo locadora	0,004

Um aspecto das condições de conhecimento é o nível de complexidade do processo produtivo. A produção em algumas indústrias é mais complexa do que em outras. Por exemplo, o processo produtivo na indústria aeroespacial é mais complexo do que na manufatura de sacos de papel, porque o número de fatores que precisam ser incorporados no processo produtivo, o nível de precisão envolvido e a sofisticação do conhecimento necessário, são maiores na indústria aeroespacial do que na produção de sacos de papel.

As indústrias com processos produtivos muito complexos tendem a ser desfavoráveis para novas empresas. Os processos produtivos complexos exigem estruturas de organização sofisticada para coordenar as atividades das pessoas envolvidas.

Essas estruturas organizacionais sofisticadas são mais fáceis de implementar em empresas já estabelecidas que possuem mão-de-obra mais especializada, equipes de gestão maiores e rotinas para a administração de operações complexas. Além disso, o conhecimento de como realizar atividades complexas freqüentemente é desenvolvido por meio do aprendizado ao longo do tempo. Portanto, as novas empresas freqüentemente têm menos conhecimento de tais atividades do que as empresas já estabelecidas.

Outro aspecto das condições do conhecimento é a quantidade de novos conhecimentos necessária para gerar os produtos e serviços da indústria. Por exemplo, a indústria farmacêutica depende muitíssimo da criação de novo conhecimento. Não havendo a pesquisa científica básica, seria difícil para os pesquisadores farmacêuticos criarem novos medicamentos. Em contrapartida, a indústria de lavagem a seco não depende de pesquisa científica básica. Na verdade, os serviços de lavagem a seco podem ser oferecidos sem a criação de novos conhecimentos.

As indústrias que dependem muito da criação de conhecimento, medido pela proporção das suas vendas investida em pesquisa e desenvolvimento (P&D), são menos favoráveis a novas empresas. As novas empresas têm um desempenho pior em indústrias de conhecimento mais intensivo porque não têm o fluxo de caixa interno para investir em pesquisa básica – o que cria um obstáculo maior em indústrias que dependem mais de P&D do que nas outras. Além disso, a pesquisa básica muitas vezes é muito incerta e pode resultar na criação de novos produtos ou serviços em linhas de negócio bem diferentes do que aquelas para as quais ela foi originalmente pretendida. As organizações grandes e estabelecidas, com economias de escopo (redução dos custos pela produção de várias linhas de produtos ou serviços), mais provavelmente se beneficiarão de investir nesse tipo de pesquisa e desenvolvimento incertos do que empresas pequenas e novas. Isso não quer dizer que você não possa iniciar uma nova empresa de sucesso em uma indústria de muita P&D; muitos empreendedores na área de biotecnologia fizeram exatamente isso. Só que o fato de ter muita P&D torna mais difícil o sucesso.

Outra dimensão das condições de conhecimento que afeta o desempenho de empresas emergentes é a codificação (explicitação) do conhecimento. Em algumas indústrias, o conhecimento necessário para realizar o desenvolvimento de novos produtos e serviços está disponível na forma escrita. Por exemplo, há inúmeros livros e artigos sobre rede de computadores. Entretanto, em outras indústrias o conhecimento está na cabeça do pessoal mais experiente que sabe realizar aquela atividade eficazmente, mas que não consegue especificar de forma escrita os mecanismos causais que levam àquele desempenho. Alguns aspectos de projeto de circuitos, por exemplo, são conhecidos apenas por poucos indivíduos.

A codificação do conhecimento melhora o desempenho de novas empresas porque o conhecimento codificado está mais facilmente acessível para os empreendedores do que o conhecimento tácito (residente na cabeça de alguns). Como o conhecimento codificado está escrito, ele está disponível para empreendedores que não têm experiência de operar diretamente na indústria. Ao contrário, o conhecimento tácito só está disponível para empreendedores com experiência na operação direta na indústria ou que contratarem pessoas que tenham essa experiência. Como resultado, as curvas de aprendizado são diferentes em indústrias nas quais o conhecimento está codificado, permitindo que novas empresas aprendam mais facilmente o que as predecessoras aprenderam sobre a indústria e alcancem o seu desempenho.

Outra dimensão importante das condições de conhecimento diz respeito a onde é desenvolvida a inovação que torna novos produtos e serviços possíveis. Em algumas indústrias, tal como a de semicondutores, a inovação ocorre dentro da própria indústria (algumas vezes chamada de "cadeia de valor"). As empresas e seus clientes e fornecedores é que geram a maioria das inovações. Em outras indústrias, tal como a de supercondutores, organizações fora da cadeia de valor, tais como universidades, geram muito mais inovações do que as empresas dentro da cadeia de valor.

As novas empresas têm um melhor desempenho em indústrias nas quais as entidades de fora da cadeia de valor geram a maior parte das inovações. As universidades e as instituições públicas de pesquisa estão menos preocupadas do que as empresas com o vazamento de conhecimento valioso para outros. Na realidade, os principais executivos de empresas como a Intel usam ações específicas, tais como fazer os empregados assinarem acordos de não concorrer e restringir o acesso a laboratórios de pesquisa, para manter o conhecimento valioso dentro da organização. Ao contrário, os principais administradores nas universidades, como o MIT, usam ações específicas, tais como encorajar visitas corporativas aos laboratórios e o compartilhamento de documentos em reuniões abertas às indústrias, para encorajar a transferência de conhecimento para fora da organização. Como as novas empresas não conseguem criar o conhecimento necessário para inovar, as indústrias nas quais as organizações do setor público criam o conhecimento, e as quais os vazamentos de conhecimento são relativamente grandes, são onde as empresas novas têm um melhor desempenho.[4]

As indústrias também diferem na distribuição do valor adicionado que vem das atividades de produção e *marketing*, e não do desenvolvimento de produto e inovação. Em algumas indústrias, tais como a automobilística, muito do valor adicionado vem da manufatura e *marketing*, e não de desenvolvimento de produto. Em outras indústrias, como as de *software*, manufatura e *marketing*, representam uma proporção muito menor de valor agregado, com algumas empresas praticamente não tendo ativos de produção e de distribuição.

As novas empresas tendem a ter um desempenho fraco em indústrias nas quais manufatura e *marketing* representam a maior parte do valor agregado. Quando as empresas criam novos produtos e serviços, freqüentemente necessitam de ativos de manufatura e de *marketing* para explorar essas inovações. Como resultado, as firmas estabelecidas descobrem como comercializar e produzir eficazmente e transformar essas atividades em rotina. As empresas novas estão em desvantagem, quando concorrem com empresas estabelecidas, porque ainda não descobriram como transformar essas atividades em rotina. De modo que a manufatura e o *marketing* delas freqüentemente são ineficientes.

> **PARE! NÃO FAÇA ISSO!**
> 1. Não ignore as condições de conhecimento da indústria na qual você pensa entrar.
> 2. Não comece uma empresa em uma indústria na qual as condições de conhecimento sejam desfavoráveis para novas empresas.

Além disso, ativos de manufatura e *marketing* freqüentemente são muito caros – pense no custo de criar uma fábrica de automóveis – e difíceis de terceirizar. As operações de manufatura exigem ativos especializados, como máquinas caras projetadas para produtos específicos, tornando muito difícil encontrar alguém disposto a fornecer esses ativos em base contratual. Como resultado, as empresas estabelecidas tendem a possuir os ativos de produção e *marketing* necessários, dificultando que novas empresas obtenham acesso a ativos de manufatura e *marketing* equivalentes na sua fundação. Isso as coloca em desvantagem na concorrência com empresas consolidadas. Assim, novas empresas tendem a ter um desempenho mais fraco em indústrias como a automobilística, onde os ativos de manufatura e *marketing* são importantes, do que em indústrias como as de *software* de computadores, em que esses ativos são menos importantes.

CONDIÇÕES DE DEMANDA

Outra dimensão importante da indústria é chamada de "condições de demanda" e se refere à natureza das preferências do cliente. Por exemplo, clientes podem sentir que necessitam mais de um novo computador que seja rápido e tenha mais memória do que eles precisam, digamos, de um dispositivo que localiza os "pregos" nas paredes de uma casa. Três aspectos das condições de demanda em uma indústria são importantes e devem ser considerados pelo empreendedor: a magnitude da demanda do cliente por produtos ou serviços, a taxa de crescimento e a heterogeneidade dessa demanda nos segmentos de clientes.

Esses aspectos das condições de demanda são importantes para os empreendedores porque influenciam o desempenho de novas empresas. A magnitude da demanda do cliente tem um efeito positivo, levando as empresas emergentes a um melhor desempenho em mercados maiores. Por exemplo, as novas empresas de biotecnologia tendem a ter um desempenho melhor quando desenvolvem curas para os principais problemas da medicina do que se elas buscarem o desenvolvimento de remédios específicos. Por quê? As novas empresas precisam incorrer em um custo fixo para organizar e produzir um produto que atenda a demanda em uma indústria. Como resultado, o custo médio da nova firma para atender a demanda é menor em mercados maiores do que em menores. Como as empresas estabelecidas já incorreram no custo fixo de se organizar, elas podem atender à demanda com custo marginal, o qual é menor do que o custo médio. A diferença de custos entre os esforços das novas empresas e daquelas já estabelecidas para atender à demanda é menor em mercados maiores do que em menores, tornando os mercados maiores mais favoráveis para as novas empresas. A maioria dos capitalistas de risco entendem essa lógica, e é por isso que eles freqüentemente concentram sua atenção em apoiar aquelas empresas emergentes que buscam os mercados maiores.

O desempenho de novas empresas também é melhor em mercados que crescem rapidamente do que naqueles que crescem vagarosamente. Por quê? Porque quanto mais rapidamente um mercado cresce, menos uma nova empresa precisa buscar os clientes das empresas existentes.[5] Isso é vantajoso porque as empresas estabelecidas concorrem mais ferozmente para proteger seus atuais clientes do que elas o fazem para ganhar novos clientes, fazendo com que o nível de concorrência seja menor para novas empresas em indústrias de rápido crescimento.

Finalmente, quanto maior a segmentação do mercado, mais favorável ele se torna para novas empresas. A segmentação de mercado refere-se ao grau no qual a base de clientes de uma indústria busca características diferentes nos produtos ou serviços que adquire. Algumas indústrias são compostas de clientes com combinações de preferências bem diferentes. Isto é, alguns mercados são mais segmentados do que outros. O mercado de vestuário é um bom exemplo. Não somente há diferenças entre moda para homens, mulheres e crianças, como também há grandes diferenças em qualidade, cor e outras preferências. Ao contrário, a purificação de água é uma indústria com pouca segmentação. Basicamente, todos querem água limpa, e há uma variação limitada em preferências entre os clientes quanto às características da água purificada.

As novas empresas se beneficiam dos mercados segmentados. Dada à pequena escala na qual a maioria das novas empresas são criadas, elas não conseguem servir a todo o mercado imediatamente depois de criadas. Os mercados segmentados são uma oportunidade para que novas empresas entrem com uma produção em pequena escala e servindo os nichos que não estão bem supridos. Geralmente as empresas novas sofrem menos concorrência de firmas estabelecidas quando entram em mercados dessa maneira. Como as empresas estabelecidas se concentram em seus clientes principais, freqüentemente retaliam quando novas empresas entram em mercados não-segmentados. Nesses mercados, as novas empresas estão mirando em seus principais clientes. Ao contrário, quando as novas empresas buscam nichos mal-atendidos, as firmas estabelecidas não sentem que sua base de clientes esteja sendo atacada e provavelmente se acomodarão a essa entrada. Analise, por exemplo, os esforços da Nucor para entrar na indústria do aço. Como a Nucor inicialmente mirou no segmento do mercado em que as margens de lucro eram as menores, os principais fabricantes de aço se acomodaram à entrada dela. Se a Nucor tivesse entrado diretamente no segmento de altas margens de lucro, os principais fabricantes de aço provavelmente teriam feito retaliações.

PARE! NÃO FAÇA ISSO!

1. Não comece um negócio em um mercado pequeno, você pode fazê-lo com a mesma facilidade em um mercado grande.

2. Não abra um negócio em um mercado de crescimento lento, sua concorrência irá reagir ferozmente.

3. Não abra um negócio em um mercado não-segmentado; a concorrência das empresas consolidadas irá matar o seu negócio.

OS CICLOS DE VIDA NA INDÚSTRIA

O estágio de uma indústria em seu ciclo de vida é outra dimensão que afeta o desempenho de novas empresas. As indústrias, assim como as pessoas e os novos produtos, nascem, crescem, amadurecem e morrem. Esse ciclo influencia o desempenho das novas empresas porque elas tendem a ter um desempenho melhor quando as indústrias recém foram criadas, ou são jovens e estão crescendo, do que quando estão maduras ou morrendo.[6] Há diversas razões para isso. A adoção por parte do cliente de novos produtos e serviços geralmente tem uma distribuição normal. Como é mostrado no Capítulo 6, poucos clientes estão dispostos a ser os consumidores iniciais de produtos e serviços de uma nova tecnologia, mas a maioria das pessoas espera até que os produtos e serviços da nova tecnologia já estejam no mercado por um tempo para então adotá-los. Da mesma forma, um pequeno número de pessoas tende a adotar os produtos e serviços de novas tecnologias tardiamente porque são vagarosos em sua visão de novos produtos em geral. A maioria dos adotadores fica em algum lugar entre os dois extremos, não adotando nem tão cedo e nem tão tarde.[7]

Como o número de pessoas que adotam os produtos ou serviços cedo e tarde é menor do que o número de pessoas que adotam em um período intermediário, os mercados primeiramente crescem devagar, aceleram, e então voltam a desacelerar. O pequeno número de pessoas que adota inicialmente leva a um crescimento de mercado lento. O grande número de pessoas que adota no período do meio leva a uma aceleração do crescimento do mercado. Então, o número menor de pessoas adotando nos períodos mais tardios leva a uma desaceleração no crescimento do mercado.

As novas empresas têm um desempenho melhor em mercados jovens do que em mercados anteriores porque é mais fácil para empresas novas atrair clientes quando o crescimento da demanda está mais alto. Sob essas condições, eles enfrentam a concorrência menos severa das firmas preestabelecidas. Como exemplo, pense no negócio de telefones celulares. Na fase inicial de crescimento do mercado, as novas empresas tiveram uma época relativamente boa para atrair clientes. Mesmo porque, quando a demanda por telefones celulares crescia em dois dígitos, havia clientes suficientes para todos. Entretanto, à medida que a indústria começou a amadurecer e o crescimento diminuiu, as firmas estabelecidas começaram a concorrer mais fortemente por seus clientes, tornando mais difícil para novas empresas atraí-los.

Em indústrias jovens, as novas empresas enfrentam menos concorrentes. No início de uma indústria, ainda não existem empresas para atender a demanda dos clientes pelos produtos e serviços da nova indústria. Com o passar do tempo, empresas vão entrando para atender à demanda, gerando concorrência para atrair os mesmos clientes. Além disso, quando as indústrias amadurecem, as empresas saem do mercado mais lentamente do que a redução de demanda indica que deveriam. Essa tendência a não querer sair significa que as indústrias maduras freqüentemente são muito competitivas, e as empresas estabelecidas lutam duramente para manter sua posição de mercado contra persistentes reduções de demanda em todos os fornecedores. Como resultado, as novas empresas tendem a ter um desempenho melhor quando as indústrias são jovens do que quando são velhas.

Como exemplo, pense no negócio de computadores pessoais. No início, não havia empresas que fornecessem esse produto, mas à medida que os produtos foram ganhando espaço, muitas empresas entraram nesse mercado. Isso causou uma concorrência feroz entre as empresas dessa indústria, derrubou os preços e tornou cada vez mais difícil para novas empresas concorrerem.

A maioria dos produtos e serviços envolve uma curva de aprendizagem que permite às empresas usarem sua experiência de operar em uma indústria para melhorar seus esforços buscando atender à demanda dos clientes. Elementos como produção, vendas e resposta às reclamações de clientes envolvem aprender na prática, o que favorece as empresas já estabelecidas. As novas empresas por definição, carecem da experiência que as empresas estabelecidas têm, de modo que têm desvantagens de curva de aprendizagem em relação às empresas estabelecidas. Como experiência é algo que se adquire com o tempo, por meio de atuação na atividade, a magnitude da desvantagem da curva de aprendizagem é menor quando a indústria é jovem e é maior quando a indústria é velha. Assim as novas empresas estão em maior desvantagem nas indústrias mais velhas.

Inicialmente, muitas indústrias enfrentam projetos de concorrentes para os produtos. Entretanto, à medida que as indústrias amadurecem, elas evoluem em direção à adoção de um projeto dominante ou de um padrão técnico comum a todos os produtos e serviços em uma indústria. Analise, por exemplo, a produção de porcas e parafusos. Embora possa parecer difícil de acreditar, há 150 anos, porcas e parafusos não eram padronizados. Eles eram todos manufaturados por diferentes empresas com projetos diferentes. Hoje, as porcas e os parafusos manufaturados aderem a um padrão comum que os torna intercambiáveis.

A tendência das indústrias de convergir para um projeto dominante ou um padrão técnico é importante para o desempenho de uma empresa nova porque as empresas novas tendem a ter um desempenho muito melhor antes da adoção de um projeto dominante, ou de um padrão técnico, do que depois. Antes da adoção de um projeto dominante ou de um padrão técnico, os projetos desenvolvidos pelos empreendedores não são restritos por um padrão. Entretanto, uma vez que um projeto dominante tenha sido adotado, os empreendedores são restritos àqueles projetos que são consistentes com o padrão dominante. Como as empresas consolidadas têm mais experiência de trabalhar com um projeto consolidado do que as empresas emergentes, estas estarão em desvantagem quando surgir um projeto dominante na indústria.[8]

Além disso, a natureza da concorrência muda depois do surgimento de um projeto dominante em uma indústria. Como os projetos tendem a ser padronizados, o que diferencia uma empresa da outra, depois que surge um projeto dominante, se altera, do próprio projeto para o processo produtivo. Depois que um projeto dominante ou um padrão técnico surge, a concorrência muda para a eficiência da produção. A experiência e o tamanho das empresas consolidadas lhes permite produzir o projeto padrão mais eficientemente do que novas empresas e atrapalha o desempenho das novas empresas, uma vez que o projeto dominante ou o padrão técnico aparece.[9]

> **PARE! NÃO FAÇA ISSO!**
> 1. Não espere até que um negócio esteja maduro para entrar.
> 2. Não espere até depois que um projeto dominante tenha surgido para abrir sua empresa.

ESTRUTURA DA INDÚSTRIA

A última dimensão da indústria importante para o desempenho de novas empresas é a estrutura da indústria. Ela se refere à natureza das barreiras para a entrada e a dinâmica de concorrência na indústria. Quatro características são especialmente importantes para o desempenho de novas empresas na indústria: intensidade de capital, intensidade de propaganda, concentração e tamanho médio das empresas.

A intensidade de capital mede a importância do capital em relação à mão-de-obra no processo produtivo. Algumas indústrias, como a aeroespacial, exigem uma grande quantidade de capital e relativamente pouca mão-de-obra. Outras indústrias, como a têxtil, exigem relativamente pouco capital e muita mão-de-obra.

As empresas novas têm um desempenho melhor em indústrias de mão-de-obra intensiva (aquelas em que o trabalho é mais importante do que o dinheiro) do que em indústrias de capital intensivo.[10] Por quê? Quando são fundadas, elas carecem de fluxo de caixa das operações recentes. No entanto, precisam empregar capital para estabelecer a organização e criar ativos de produção e distribuição. Como as empresas novas precisam usar capital antes de terem fluxo de caixa das operações, têm de obter capital de mercados de capital externos. O capital obtido do mercado financeiro é mais caro do que aquele gerado internamente. Os investidores exigem um prêmio por correrem o risco que vem da lacuna de informações entre os investidores e os empreendedores. O tamanho desse prêmio está relacionado ao tamanho da necessidade de capital para criar o negócio. Quanto maior a necessidade de capital, maior a desvantagem enfrentada por empresas novas na indústria.

As empresas novas estão em desvantagem em relação às empresas consolidadas em indústrias de propaganda intensiva. A propaganda é um mecanismo por meio do qual as empresas desenvolvem a reputação que as ajuda a vender seus produtos e serviços. Para construir uma reputação a partir de um nome de marca por meio de propaganda, duas condições precisam ser atendidas. Primeiramente, a propaganda tem de ser repetida ao longo do tempo. A capacidade do ser humano é limitada, fazendo com que consigamos absorver apenas um determinado número de informações de cada vez. Portanto, leva tempo para empresas novas construírem seu nome de marca, durante este período elas têm menos nome do que as empresas consolidadas. Em segundo lugar, as economias de escala existem na publicidade. O custo da publicidade é em grande medida fixo, a despeito do número de unidades que são vendidas de um produto. Assim, o custo da publicidade por unidade diminui com o volume de vendas. As empresas novas tendem a produzir menos unidades do que as empresas consolidadas porque começam as operações em pequena escala, o que torna o seu custo de publicidade por unidade maior do que o das empresas consolidadas.[11] Naturalmente que essa desvantagem na publicidade é mais problemática quanto mais importante for a publicidade para aquela indústria, fazendo com que as empresas novas sejam menos competitivas em relação às empresas consolidadas em indústrias mais intensivas quanto à publicidade.

As empresas novas estão em desvantagem em relação às empresas consolidadas em indústrias mais concentradas.[12] A concentração é uma medida da participação de mercado mantida pelas maiores empresas em uma indústria. Por exemplo, em algumas indústrias, tais como a farmacêutica (pense em quantos medicamentos você utiliza que não são feitos pelas grandes empresas como Merck, Pfizer e Eli Lilly), as maiores empresas têm quase todo o mercado. Por outro lado, em indústrias mais fragmentadas, como a de lavagem a seco, praticamente nenhuma empresa tem nem mesmo 1% do mercado total.

As novas empresas têm um desempenho relativamente ruim em indústrias concentradas porque essa concentração possibilita às empresas consolidadas e grandes maior poder de mercado. Em indústrias concentradas, tais como empresas de telecomunicações que oferecem serviço telefônico local, as empresas consolidadas têm os recursos para não permitir que as empresas novas estabeleçam seu espaço. Como resultado, elas usam seus lucros do monopólio ou oligopólio para impedir a entrada de concorrentes. Além disso, a entrada pode ser impedida mais facilmente em indústrias concentradas do que em indústrias fragmentadas por duas razões. Primeiro, nas indústrias fragmentadas, há empresas pequenas, vulneráveis, que podem ser desafiadas com mais sucesso do que as empresas grandes e poderosas, que são as únicas concorrentes em indústrias concentradas. Segundo, nas indústrias concentradas, as empresas consolidadas podem conspirar para manter as outras empresas fora. Por exemplo, podem cortar os preços coletivamente quando uma nova empresa entrar na indústria, até que ela seja jogada para fora do negócio, e então aumentam os preços novamente. Como a conspiração só funciona se todos participarem, é muito mais fácil ela ter sucesso quando há poucas empresas em uma indústria do que quando há muitas.

As empresas novas têm um melhor desempenho em indústrias nas quais o tamanho médio das empresas é pequeno.[13] Elas tendem a começar pequenas como maneira de minimizar o risco de erros de cálculo do empreendimento. Ou seja, se o empreendedor começar pequeno, ele terá um prejuízo menor se estiver errado. Nas indústrias nas quais a maioria das empresas é pequena, iniciar uma nova empresa com uma pequena escala não cria muita desvantagem em relação às empresas consolidadas dessa indústria.[14] Ao contrário, em indústrias em que o tamanho médio das empresas é grande, começar pequeno cria uma série de desvantagens, tais como a incapacidade de comprar em maior volume e custos médios mais altos de manufatura e distribuição devido à ausência de economias de escala. Como exemplo, pense na diferença entre desenvolvedores de *sites* da Web e siderúrgicas. Como o desenvolvedor de *sites* em geral é pequeno, um novo desenvolvedor é capaz de operar quase na mesma escala dos concorrentes já estabelecidos. Entretanto, a siderúrgica média é bastante grande, de modo que se uma nova siderúrgica começar pequena, isso inicialmente será uma grande desvantagem em relação às empresas consolidadas com as quais precisa concorrer.

PARE! NÃO FAÇA ISSO!

1. Não comece um negócio em uma indústria de capital intensivo.
2. Não comece um negócio em uma indústria de propaganda intensiva.
3. Não comece um negócio em uma indústria na qual as empresas na média sejam grandes.
4. Não comece um negócio em mercado concentrado.

PERGUNTAS PARA FAZER A SI MESMO

1. Será que a indústria na qual estou planejando entrar é boa para começar uma nova empresa?
2. As condições de conhecimento nessa indústria são favoráveis para uma empresa emergente?
3. As condições de demanda nessa indústria são favoráveis para uma empresa emergente?
4. Essa indústria está no estágio certo de seu ciclo de vida para uma empresa emergente?
5. A estrutura da indústria é favorável para uma empresa emergente?

RESUMO

Este capítulo explicou que a primeira regra para o sucesso como um empreendedor de tecnologia é escolher a indústria certa. O desempenho de novas empresas varia significativamente nas indústrias, sendo suas chances de estabelecer uma empresa que estará na lista das 500 da revista *Inc* ou de abrir o capital da empresa variáveis de 0 a 1000, dependendo do setor. Os pesquisadores identificaram quatro dimensões da indústria que afetam o desempenho relativo de empresas novas: condições de conhecimento, condições de demanda, estágio do ciclo de vida industrial e estrutura do mercado. Você pode se beneficiar pelo entendimento dos efeitos específicos que cada uma dessas dimensões da indústria têm sobre o desempenho de novas empresas.

As condições de conhecimento da indústria estão relacionadas a cinco fatores que afetam o desempenho relativo de empresas novas. As empresas novas têm um fraco desempenho em indústrias nas quais o processo produtivo é complexo, a quantidade de conhecimento novo criado é alto, o conhecimento não está bem codificado, o lugar das inovações reside dentro da cadeia de valor, e ativos complementares em *marketing* e manufatura são importantes.

As condições de demanda da indústria são compostas de três fatores que afetam o desempenho de empresas novas. Em indústrias nas quais os mercados são grandes, crescem rapidamente e são bastante segmentados, as empresas novas têm um bom desempenho.

O ciclo de vida industrial também afeta o desempenho relativo das empresas novas. Estas têm um desempenho melhor quando as indústrias são mais jovens. As empresas novas também têm um desempenho melhor quando não existe um projeto dominante em uma indústria.

Quatro aspectos da estrutura da indústria afetam o desempenho de empresas novas. Elas têm uma performance fraca em indústrias de capital intensivo, de propaganda intensiva, concentradas e que tenham empresas grandes dominantes.

Agora que você entende a regra número um do empreendedorismo em tecnologia, escolher a indústria certa. Vamos analisar a regra número dois, identificar oportunidades valiosas, assunto do próximo capítulo.

NOTAS

1. 1. F. Malerba and L. Orsenigo, "Technological Regimes and Sectoral Patterns of Innovative Activities." *Industrial and Corporate Change* 6 (1997): 83–117.
2. 2. Ibid.
3. 3. J. Eckhardt, *Industry Differences in Entrepreneurial Opportunities*, Ph.D. diss., University of Maryland, 2002.
4. 4. D. Audretsch and Z. Acs, "New Firm Startups, Technology, and Macroeconomic Fluctuations." *Small Business Economics* 6 (1994): 439–49.
5. 5. J. Mata and P. Portugal, "Life Duration of New Firms." *Journal of Industrial Economics* 42 no. 3 (1994): 227–43.
6. 6. W. Barnett, "The Dynamics of Competitive Intensity." *Administrative Science Quarterly*, 42 (1997): 128–60.
7. G. Moore, *Crossing the Chasm* (New York: Harper Collins, 1991).
8. J. Utterback, *Mastering the Dynamics of Innovation*. (Cambridge: Harvard Business School Press, 1994).
9. Ibid.
10. D. Audretsch, "New Firm Survival and the Technological Regime." *Review of Economics and Statistics* (1991): 441–50.
11. S. Shane, A *General Theory of Entrepreneurship: The Individual-Opportunity Nexus* (Cheltenham, UK: Edward Elgar, 2003).
12. K. Eisenhardt and K. Schoonhoven. "Organizational Growth: Linking Founding Team, Strategy, Environment, and Growth among U.S. Semiconductor Ventures, 1978–1988." *Administrative Science Quarterly* 35 (1990): 504–29.
13. D. Audretsch and T. Mahmood, T. "The Hazard Rate of New Establishments." *Economic Letters*, 36 (1991): 409–12.
14. Z. Acs and D. Audretsch, "Small Firm Entry in U.S. Manufacturing." *Economica* (1989): 255 66.

2 Identificar oportunidades valiosas

Na maior parte do tempo, não precisamos de novos negócios porque as empresas consolidadas estão atendendo às necessidades dos clientes. Como resultado, não há oportunidade para os empreendedores criarem empresas de sucesso. Infelizmente, muitos empreendedores não percebem isso e criam novos negócios na ausência de oportunidades de negócios. A conseqüência é o fracasso em um curto período de tempo.

Para ter sucesso, você deve iniciar seu negócio em resposta a uma oportunidade de desenvolvimento de um novo produto ou serviço que atenda às necessidades dos clientes, não satisfeitas adequadamente; ou que satisfaça às necessidades dos clientes indo além do que as empresas consolidadas fornecem. Assim, de onde vêm essas oportunidades? Que forma elas tomam? Como é que empreendedores de sucesso combinam oportunidades com inovação? Como é que empreendedores de sucesso identificam essas oportunidades? Este capítulo responde a essas questões.

FONTES DE OPORTUNIDADES

As oportunidades para os empreendedores são situações nas quais têm chance de introduzir um produto que gera mais receitas do que seu custo de produção. Essas situações existem quando as necessidades dos clientes não estão sendo satisfeitas ou quando for possível satisfazê-las de uma maneira melhor do que a atual. Assim, por que essas oportunidades existem? Afinal, se as oportunidades são valiosas, por que alguém já não as explorou?

Uma das razões é porque algum tipo de mudança acontece abrindo uma oportunidade de fazer algo novo ou de fazer algo de uma forma melhor.[1] Analise, por exemplo, a oportunidade de gravar músicas em discos compactos (CDs). Essa oportunidade não existia até que a invenção do *laser* a tornou possível.

A relação entre mudança e criação de oportunidade indica que o primeiro passo para identificar uma oportunidade valiosa é perceber a mudança que torna a oportunidade possível. Em geral são quatro tipos de mudanças: mudanças de tecnologia, mudanças na política e nas leis de regulamentação, mudanças em fatores sociais e demográficos e mudanças na estrutura da indústria. Os empreendedores de sucesso entendem como cada uma delas torna as oportunidades empreendedoras possíveis.

MUDANÇA TECNOLÓGICA

Como você já sabe, a mudança tecnológica é um dos mais importantes gatilhos de oportunidades para iniciar novas empresas de alta tecnologia, isso em grande parte porque a mudança tecnológica permite que as pessoas façam coisas que não podiam ser feitas antes ou apenas podiam ser feitas de uma maneira muito menos eficiente.[2] Tome, por exemplo, a invenção do *software* para correio eletrônico. Esse *software* tornou possível a comunicação de formas mais eficientes do que o telefone, o fax ou cartas, e assim abriu uma oportunidade valiosa.

Que atributos da mudança tecnológica estão associados com a criação de oportunidades valiosas para novos negócios? A magnitude da mudança tecnológica é importante. Quanto maior a mudança tecnológica, maior a oportunidade para criar novos negócios porque mudanças de magnitude maior afetam mais aplicações da tecnologia. Analise, por exemplo, a criação de um novo tipo de circuito elétrico. Se esse novo circuito é apenas 10% mais rápido, ele só irá substituir o circuito velho em um pequeno número de aplicações. Somente aqueles produtos nos quais 10% de melhoria excedesse o custo da mudança usariam o novo circuito. Ao contrário, se o novo circuito fosse 500% mais rápido do que o velho, seus benefícios excederiam o custo da mudança em uma faixa muito maior de aplicações.

Daí, temos a generalidade da mudança. Algumas tecnologias, como o *laser*, são de uso geral. Elas levam à criação de uma grande gama de novos produtos. Por exemplo, o *laser* possibilitou a criação de *scanners* de supermercado, dispositivos médicos e aparelhos de CD. Como as tecnologias de propósito geral podem ser aplicadas em uma grande faixa de áreas, elas abrem mais oportunidades para novos produtos e serviços do que tecnologias de propósito específico.

Temos também a viabilidade comercial da mudança. Algumas novas tecnologias têm um efeito de grande magnitude, mas não resultam diretamente em muito benefício comercial. Por exemplo, o ônibus espacial é uma mudança muito grande nas viagens espaciais porque poupa uma enorme quantia de dinheiro em relação aos foguetes que não podem ser reutilizados. Entretanto, os benefícios comerciais do ônibus espacial são bastante limitados porque há poucas aplicações comerciais para ele.

Finalmente, temos o efeito da mudança tecnológica sobre a dinâmica da indústria. Uma das razões pelas quais a mudança tecnológica é, freqüentemente, uma grande fonte de oportunidades para novos negócios é que ela altera o modo como as empresas concorrem. Analise, por exemplo, o efeito da voz sobre o protocolo da Internet no negócio de telefones. Essa tecnologia transformou um negócio de capital intensivo em um negócio que exige pouco capital. Como resultado, cria oportunidades para novas empresas, as quais estariam em desvantagem em indústrias de capital intensivo.

MUDANÇAS POLÍTICAS E DE REGULAMENTAÇÃO

Outro tipo de mudança que abre oportunidades para novos negócios é a mudança política e de regulamentação. Esse tipo de mudança cria oportunidades porque aumenta a produtividade. Por exemplo, a desregulamentação das telecomunicações permitiu que muitas novas empresas se formassem e introduzissem maneiras mais baratas de transmitir voz e dados, o que beneficiou tanto os negócios como os clientes.[3]

Em outros casos, a oportunidade que mudanças políticas e de regulamentação geram não é produtiva, apenas deslocando valor de um conjunto de fatores econômicos para outro. Por exemplo, uma lei municipal que exigisse que todas as pessoas da cidade usassem dois bastões de aterramento para a eletricidade, embora um seja suficiente para a segurança, criaria uma oportunidade para um empreendedor tirar dinheiro dos clientes. Como o bastão de aterramento não tem nenhum benefício real, a lei criaria uma oportunidade não-produtiva, mas apenas deslocaria riqueza.

Por que mudanças políticas e de regulamentação aumentam as oportunidades dos empreendedores? A desregulamentação cria oportunidades porque permite mais variação em idéias a serem levadas adiante por empreendedores que podem ter sido barrados em um regime regulamentado. A desregulamentação também elimina muitas das barreiras e obstáculos burocráticos. Muitos empreendedores não criam novos negócios porque o custo torna-se elevado demais sob regimes regulamentados. Quando a desregulamentação ocorre, os empreendedores vêem a formação de empresas como atividade rentável, diferentemente de sua percepção anterior.

Determinadas leis também tornam possíveis algumas atividades pelo aumento da demanda por elas. Por exemplo, uma lei que obrigue o uso de bancos em carros aumenta a demanda por eles e abre oportunidades para produzir e vender bancos de carro.

Algumas mudanças políticas e de regulamentação oferecem subsídios ou outros recursos para apoiar certas atividades, cortando seus custos e tornando-as mais comuns. Por exemplo, a economista Maryann Feldman, da Universidade de Toronto, descobriu que as regras de aquisição de produtos do governo americano tornaram possível que novas empresas de tecnologia da informação fossem formadas na região de Washington, D.C.[4] Por beneficiar-se das novas regras do governo federal para compras de serviços de TI, muitas novas empresas foram capazes de encontrar mercado para seus serviços e decolar.

MUDANÇA SOCIAL E DEMOGRÁFICA

Também geram oportunidades para empreendedores as mudanças sociais e demográficas, que abrem oportunidades para negócios de nova tecnologia alterando as preferências das pessoas e criando novas demandas. Por exemplo, o deslocamento demográfico de mulheres para a força de trabalho e o correspondente aumento na demanda por rapidez na preparação de comida criaram a oportunidade para introdução de muitos tipos de comidas congeladas no mercado.

Um tipo importante de mudança social e demográfica que cria oportunidades é uma tendência social. Por exemplo, a oportunidade de produzir desodorante foi resultado de uma tendência social que levou a maior parte da população a acreditar que o cheiro do corpo não era bom. Embora na realidade não haja nenhuma necessidade médica ou de saúde para as pessoas mascararem o cheiro do corpo, o desenvolvimento da tendência social de acreditar que os odores do corpo são ofensivos tornou possível a criação de produtos que inibem esses odores.

As tendências demográficas também levam à criação de oportunidades para empreendedores. Por exemplo, à medida que as taxas de nascimento diminuem e as pessoas vivem mais tempo, a população americana está ficando mais velha. Essa tendência demográfica torna possível a introdução de produtos e serviços para os quais não havia demanda suficiente 25 anos atrás, tais como cuidados médicos geriátricos.

Outro tipo de mudança social ou demográfica é um deslocamento em percepção ou demanda. Às vezes, as pessoas decidem que gostariam de algo diferente ou percebem as coisas de uma nova maneira. Um bom exemplo desse tipo de mudança é a bandeira americana depois dos eventos de 11 de Setembro. A demanda pela bandeira americana cresceu muito, em grande parte em função das mudanças na percepção dos americanos sobre o que ela simboliza.

Algumas mudanças combinam tanto fatores sociais como tecnológicos. Por exemplo, empresas como Net Nanny e Cyber Patrol beneficiaram-se de uma oportunidade de proteger crianças contra conteúdo prejudicial da Internet. Essa oportunidade veio tanto em função do desenvolvimento tecnológico da Internet como da tendência social das crianças ficarem sozinhas em casa.

MUDANÇAS NA ESTRUTURA DA INDÚSTRIA

Outra fonte de oportunidades é a mudança na estrutura da indústria. Às vezes, a estrutura muda porque as empresas que forneciam para outras empresas ou grandes clientes fecham ou porque as empresas se fundem ou uma adquire a outra. Esses tipos de mudanças afetam a dinâmica da concorrência em uma indústria e abrem ou fecham nichos que podem proporcionar oportunidades para empreendedores. Por exemplo, quando a indústria das empresas aéreas se consolidou baseada no projeto eixo e raios que as principais linhas aéreas usam, surgiu a oportunidade para os empreendedores entrarem e criarem novas linhas aéreas que voam ponto a ponto. A mudança para a abordagem eixo e raios sozinha não foi suficiente para criar uma oportunidade para novas empresas; foi a combinação da mudança na indústria das viagens aéreas com a saída de empresas que gerou essa oportunidade de negócio.

> PARE! NÃO FAÇA ISSO!
> 1. Não comece um negócio sem primeiro identificar a fonte de oportunidades para ele.
> 2. Não comece um negócio a não ser que você entenda como uma mudança tecnológica, política, de regulamentação, social, demográfica ou industrial criou uma oportunidade.

FORMAS DE OPORTUNIDADES: ALÉM DOS NOVOS PRODUTOS OU SERVIÇOS

O próximo passo no processo de identificar oportunidades valiosas para empreendimentos é entender a forma que essas oportunidades podem ter. Embora seja comum pensar em mudanças tecnológicas, políticas/de regulamentação, social/demográficas, e de estrutura industrial como fator para a abertura de oportunidades para empreendimentos por tornar possível a introdução de novos produtos e serviços, essas mudanças também criam oportunidades por permitir que produtos e serviços existentes sejam produzidos com novos métodos, usando novas matérias-primas, organizadas de novas maneiras, ou para venda em novos mercados.[5]

A invenção do *laser* e a criação do CD é um exemplo de uma mudança que tornou um novo produto ou serviço possível. A criação da Amazon.com, por Jeff Bezos, para vender livros, um produto muito antigo, na Internet, é um exemplo de como uma mudança torna possível novos métodos de organizar uma empresa. O negócio de congelar ou enlatar carne e vendê-la em outros países é um exemplo de como encontrar um novo mercado para um produto antigo. A substituição de metais por compostos cerâmicos na produção de veículos é um exemplo do uso de novos materiais para criar um produto já existente de novas maneiras. Finalmente, a esteira de produção contínua é um exemplo de um novo processo produtivo usado por minissiderúrgicas para fazer um produto existente, aço, por meio de um processo produtivo diferente da tradicional abordagem de lingotamento contínuo.

Por que as diferentes formas de oportunidades são importantes para os empreendedores? A resposta mais importante é que freqüentemente os empreendedores em tecnologia pensam na criação de novos produtos e serviços sem perceber que a produção de velhos produtos e serviços por meio de novas maneiras, usando novas matérias-primas, novos processos de produção e buscando novos mercados são na realidade abordagens melhores para se seguir. Como você irá explorar melhor nos Capítulos 7 e 8, o sucesso exige que os empreendedores desenvolvam produtos e serviços que os concorrentes não consigam imitar imediatamente. Os pesquisadores demonstraram que simplesmente entrar em um novo mercado não é uma estratégia boa para evitar imitações e que a introdução de novas maneiras de se organizar, novos processos produtivos e o uso de novos materiais são freqüentemente mais fáceis de defender da imitação do que a criação de novos produtos. Como é apresentado no Capítulo 7, a menos que o empreendedor possa obter uma patente para proteger o novo produto ou serviço, o segredo é a maior barreira à imitação dos produtos e serviços. Como novos produtos e serviços são coisas que são fornecidas aos clientes, é muito difícil manter seu funcionamento em segredo. Os concorrentes podem comprar um produto novo e fazer engenharia reversa nele. Entretanto, as novas maneiras de se organizar, as novas matérias-primas e os novos processos produtivos podem ser mantidos em segredo dos clientes e dos concorrentes. Por produzir um produto antigo com novas formas de organização, novas matérias-primas e novos processos produtivos, o empreendedor pode garantir que a parte valiosa do novo negócio seja mantida longe dos olhos dos concorrentes, aumentando assim o desempenho do novo empreendimento. Na realidade, a pesquisa acadêmica sobre essa questão mostrou que leva mais tempo, é mais difícil e é mais caro para os concorrentes imitar novos processos produtivos do que novos produtos e serviços.[6]

> **PARE! NÃO FAÇA ISSO!**
> 1. Não comece um negócio até saber que tipo de oportunidade é melhor para explorá-lo.
> 2. Não pense diretamente em introduzir um novo produto ou servir um novo mercado; freqüentemente, você estará melhor desenvolvendo uma nova maneira de se organizar, introduzindo uma nova matéria-prima ou usando um novo processo produtivo para fornecer um produto ou serviço já existente.

Outras diferenças entre novos produtos e outras formas de oportunidades também são importantes. Pode ser mais fácil para os empreendedores demonstrar valor para clientes potenciais atendendo um novo mercado com um produto ou serviço já existente do que criando um novo produto ou serviço para um mercado antigo. Além disso, pode ser mais fácil organizar e entregar produtos ou serviços para clientes para explorar novos mercados ou criar novos produtos ou explorar novos materiais do que aqueles que são baseados em novos processos produtivos ou novas maneiras de se organizar.

TIPOS DE OPORTUNIDADES E A RELAÇÃO COM TIPOS DE INOVAÇÃO

Outro passo importante no processo de identificar oportunidades valiosas exige que você entenda a relação entre esses cinco tipos de oportunidades e as formas especiais de inovação por meio das quais se dá a mudança. Certos tipos de inovação tornam possível tipos especiais de oportunidades. Os empreendedores de sucesso sabem que os novos negócios têm um desempenho melhor quando os tipos de oportunidades são combinados com as inovações.

Certos tipos de inovações podem ser vinculados a tipos específicos de oportunidades. Alterar as dimensões e melhorar as propriedades físicas de produtos têm mais chances de levar ao desenvolvimento de novos produtos ou serviços como um tipo de oportunidade. Mudar para processos de produção contínua, melhorar as taxas de rendimento do processo, mecanização, automação e padronização tendem a gerar oportunidades em novos processos produtivos. Mudanças na escala ou na forma da produção tendem a gerar oportunidades que tomam a forma de novas maneiras de se organizar. Projetar para novos segmentos de mercado e customização para clientes individuais tendem a resultar em oportunidades para criar novos mercados. A melhoria dos fatores de produção tem mais chances de resultar em oportunidades para matérias-primas do que outras formas de oportunidades.[7]

Esses padrões são importantes para você, como um empreendedor em tecnologia, por duas razões. Você precisa pensar a respeito do fato de que as oportunidades para empreendimentos tomam diferentes formas e precisa estar consciente da maneira na qual diferentes inovações afetam essas oportunidades. Caso contrário, você irá tentar desenvolver oportunidades por meio do desenvolvimento de novos produtos e serviços quando essa forma de oportunidade é inadequada para o tipo de inovação que está impulsionando o processo.

Os tipos de inovação que levam a esses cinco tipos de oportunidades não estão uniformemente distribuídos em todas as indústrias. Como resultado, você precisa pensar em explorar certos tipos de inovações e não outros, dependendo da indústria em que atua. Por exemplo, Alvin Klevorick, um professor da Universidade de Yale, e seus colegas explicam que o aumento da escala de produção tende a ocorrer mais freqüentemente em indústrias como fusão de alumínio. A mecanização e a automação são muito comuns na fabricação de aparelhos de rádio e de televisão e de automóveis. A melhoria do rendimento do processo tende a ocorrer em indústrias como a de semicondutores. A melhoria dos materiais dos insumos é comum na fabricação de rolamentos e transformadores. A mudança para processos contínuos é muito comum na produção de alimentos. Mudanças nas dimensões do produto ocorrem muito freqüentemente nos computadores, enquanto que a melhoria das propriedades físicas do produto é co mum com borracha e plásticos. Melhorar o desempenho do produto é comum em fibras sintéticas, enquanto que buscar uma maior padronização é importante em equipamentos de refrigeração e aquecimento. Projetar para segmentos de mercado é importante nos setores de tintas e cosméticos, enquanto que a customização para clientes individuais tende a ocorrer em indústrias de máquinas para mineração e turbinas.[8]

> **PARE! NÃO FAÇA ISSO!**
> 1. Não ignore a relação entre os tipos de inovações e as formas de exploração da oportunidade.
> 2. Não explore uma inovação que seja inadequada na indústria na qual você esteja entrando.

CENTROS DE INOVAÇÃO

Outro passo na identificação de uma oportunidade valiosa consiste em descobrir quais são as organizações que realizam a inovação que cria a oportunidade que você busca. A inovação ocorre em diferentes entidades que podem ser pensadas como uma cadeia que vai da universidade a laboratórios públicos de pesquisa, os quais realizam a maior parte da pesquisa básica, até os consumidores finais. No meio está o conjunto de fornecedores de insumos e outras matérias-primas para empresas que produzem um bem ou serviço, seguido pelos fabricantes.

Entender essa cadeia da inovação é importante por três razões. Diferentes tipos de inovações tendem a ocorrer em diferentes estágios na cadeia. Portanto, as entidades que realizam a inovação que resulta em oportunidades para empreendimentos são diferentes para as diferentes indústrias. Por exemplo, as universidades freqüentemente realizam a inovação que resulta na criação de novos instrumentos científicos. Entretanto, são as próprias empresas de semicondutores que realizam a inovação que resulta em melhorias nessa indústria.[9]

As inovações que tendem a abrir espaço para a criação de novas empresas são aquelas que ocorrem no final do espectro da pesquisa básica, bem como entre fornecedores e clientes. Em geral, as inovações pelas empresas e seus concorrentes não são tão úteis para a criação de novas empresas. Portanto, os empreendedores de sucesso tendem a se concentrar em inovações da pesquisa básica ou entre fornecedores e clientes, deixando a inovação pelas empresas e por suas concorrentes de lado, a menos que aquela inovação explore uma fraqueza das empresas consolidadas (esta questão será explorada no Capítulo 6).

Uma razão para esse foco em certos estágios da cadeia de inovação é que os empreendedores obtêm as informações, que usam para criar seus novos empreendimentos, de uma entre duas maneiras. Ou eles obtêm as informações pelo vazamento de conhecimento das empresas consolidadas ou por meio de empresas públicas. O vazamento de informações nas empresas consolidadas ocorre porque essas empresas têm problemas para capturar todas as suas inovações e mantê-las dentro da empresa. Por exemplo, a Ethernet, a interface gráfica do usuário e o *mouse* do computador foram desenvolvidos na Xerox Corporation. Entretanto, foram exploradas por empresas novas e não pela Xerox porque o conhecimento sobre como explorar essas inovações vazou. Por quê? Freqüentemente, funcionários, clientes ou fornecedores sabem sobre as inovações da empresa e podem fazer uso disso para desenvolver novos produtos ou serviços. Como resultado, funcionários, clientes e fornecedores podem se tornar empreendedores.

Às vezes, como no caso da Xerox, os funcionários apresentam as oportunidades para a alta gerência, e esta opta por não segui-las. Em outros casos, os funcionários (ou clientes e fornecedores) nem se preocupam em informar à alta gerência de uma empresa a respeito de oportunidades e simplesmente vão em busca delas. Independentemente se os funcionários, clientes ou fornecedores avisaram a alta gerência sobre as oportunidades que identificaram, é muito difícil de as empresas evitarem que o conhecimento sobre inovações vaze para potenciais empreendedores.

> **PARE! NÃO FAÇA ISSO!**
>
> 1. Não se esqueça das oportunidades baseadas em inovações identificadas por universidades e agências governamentais.
> 2. Não comece uma empresa para explorar uma inovação que seja melhor desenvolvida por uma empresa consolidada, a menos que você tenha identificado uma fraqueza na abordagem para inovações da empresa estabelecida.

As informações usadas pelos empreendedores também vêm de tecnologia do setor público, desenvolvida em universidades ou laboratórios do governo. Tome como exemplo as empresas emergentes da Internet. O desenvolvimento tecnológico original que levou a essas empresas foi a ARPANET, um projeto do Departamento de Defesa. Muitos empreendedores fizeram uso desse conhecimento para criar empresas novas baseadas em tecnologia. A Netscape, que fez um navegador para a Web baseado nessa tecnologia, é talvez a mais famosa dessas empresas.

Diferentes indústrias tendem a gerar inovações em diferentes estágios da cadeia, indicando que algumas indústrias são melhores para estabelecer novas empresas do que outras.[10] Como as empresas novas são melhores em explorar oportunidades baseadas em inovações de entidades públicas, fornecedores e clientes, são mais bem sucedidas em indústrias como dispositivos médicos e computadores do que em outras indústrias.

RECONHECER UMA OPORTUNIDADE VALIOSA

O próximo passo na identificação de uma oportunidade valiosa é reconhecer que existe uma oportunidade. Freqüentemente as pessoas percebem, tardiamente, que perderam uma oportunidade muito valiosa de um negócio de nova tecnologia, que outra pessoa aproveitou. Assim, por que algumas pessoas e não outras descobrem oportunidades valiosas? Para responder essa pergunta, é importante lembrar que as oportunidades para empreendimentos existem por causa das informações sobre questões como mudança tecnológica, estrutura da indústria, tendências sociais e demográficas e mudanças políticas e de regulamentação. O acesso às informações ou a habilidade de processá-las é a chave para aquilo que torna o reconhecimento de oportunidades possível.[11] Por exemplo, algumas pessoas são as primeiras a saber sobre uma descoberta tecnológica, talvez porque estejam trabalhando em um laboratório de pesquisas. O acesso a essa informação antes dos outros permite que as pessoas tomem melhores decisões do que outras quanto a criar e vender novos produtos.

O ACESSO A INFORMAÇÕES

Algumas pessoas têm melhor acesso que outras a informações sobre mudanças que abrem oportunidades. Diversos fatores surgem como muito importantes, e os empreendedores de sucesso fazem uso desses fatores para identificar oportunidades valiosas. Algumas pessoas têm melhores posições nas redes sociais. A boa posição permite o acesso a informações que outras não conseguem, porque as informações muitas vezes são transmitidas por meio dos laços sociais da rede. Os amigos e os conhecidos freqüentemente lhe dizem coisas que você não descobre de outras maneiras, como o fato de que uma loja com vitrine vai ficar vaga em alguns meses ou que uma nova tecnologia foi inventada. Se você tiver os laços certos, e os outros não, você pode obter acesso a informações que outras pessoas não conseguem. Além disso, laços sociais fortes aumentam a transferência de informações de uma pessoa para outra por fazer com que as pessoas estejam mais dispostas a acreditar em informações transferidas sob condições de incerteza. As pessoas têm dificuldades em saber se as informações que ouvem são precisas. Por exemplo, será que essa nova descoberta tecnológica – digamos, a fusão a frio – é real ou é uma fraude? Para descobrir se as informações são precisas, a maioria das pessoas recorre a seus amigos e outras pessoas de confiança. Portanto, as pessoas com fortes laços sociais com as fontes de informações podem freqüentemente obter acesso a essas informações, enquanto outras pessoas não conseguem.

Outra questão relevante é que algumas pessoas têm empregos ou atividades que as colocam mais perto da fonte das informações sobre as mudanças que abrem oportunidades.[12] Para a criação de negócios em alta tecnologia, os empregos em pesquisa e desenvolvimento e *marketing* aparecem como especialmente úteis em fornecer esse acesso.[13] Empregos em pesquisa e desenvolvimento fornecem informações sobre tecnologias recentemente desenvolvidas que criam a oportunidade para novos negócios. Os empregos em *marketing* fornecem informações sobre as preferências dos clientes ou necessidades dos clientes não-atendidas. Como resultado, esses empregos são muito úteis em colocar as pessoas no fluxo das informações que ajudam a descobrir sobre novas oportunidades.

Isso não quer dizer que outros empregos não gerem acesso a informações sobre oportunidades. Embora *marketing* e P&D forneçam acesso a mais informações, na média, a informação adequada irá depender da natureza da oportunidade. Por exemplo, um contador pode saber sobre a oportunidade de criar um negócio para fornecer *software* de contabilidade porque trabalha na unidade de finanças de uma empresa, e não no departamento de *marketing* ou de pesquisa e desenvolvimento. Entretanto, na média, os empregos em P&D e em *marketing* fornecem maior acesso a informações sobre as oportunidades para empreendimentos.

Também, algumas pessoas têm acesso a informações que outras não têm sobre as mudanças que geram oportunidades porque elas vão em busca dessas informações. A pesquisa aleatória não ajudará você a obter acesso a informações, mas os esforços dirigidos para encontrar a solução para problemas técnicos ou de mercado podem fornecer informações valiosas sobre as fontes de oportunidades. Por exemplo, os pesquisadores em biotecnologia de muitas universidades estão pesquisando a cura do câncer. Eles sabem que encontrando uma cura para o câncer poderão iniciar uma empresa para explorar essa cura. Em essência, eles estão pesquisando em busca da fonte de oportunidades para empreendimentos.

MELHOR PROCESSAMENTO DAS INFORMAÇÕES

O acesso a informações é apenas parte da explicação por que algumas pessoas e não outras identificam oportunidades de novos negócios. Outra parte importante é que elas são mais capazes de formular novas idéias de negócios a partir de pedaços de informações sobre as mudanças que tornam os novos negócios possíveis. Essa parte não é trivial. O simples fato de saber que a nova tecnologia existe não significa que você será capaz de pensar em um negócio para explorá-la. Avalie, por exemplo, os fabricantes de relógio suíços que inventaram a tecnologia do relógio digital. Como esses fabricantes não descobriram como usar essa tecnologia para fazer relógios, eles efetivamente deram de presente a tecnologia para as empresas japonesas, as quais descobriram como comercializá-la.

Diversos aspectos das capacidades mentais das pessoas influenciam o processamento de informações e as ajudam a reconhecer oportunidades para empreendimentos. Algumas pessoas têm esquemas mentais sobre mercados e as maneiras de atendê-los que lhes permite entender e usar informações de várias maneiras.[14] A informação que leva ao reconhecimento de uma oportunidade para empreendimento não vem na forma de um produto previamente embalado ou serviço pronto para ser lançado. Antes, ela vem como uma dica ou gatilho de que algo pode ser feito para criar um novo negócio dada a nova tecnologia, a nova regulamentação, a nova estrutura da indústria ou a nova tendência demográfica. Portanto, identificar oportunidades de negócio valiosas é um processo mental que envolve extrapolar a partir de fragmentos de informações.[15]

Os esquemas são estruturas mentais que vêm da experiência, as quais permitem que as pessoas organizem e usem as informações. As pesquisas mostram que conhecimento prévio dos mercados, como cliente ou como fornecedor, e o conhecimento prévio sobre como servir esses mercados são fontes importantes de esquemas úteis que lhe ajudarão a reconhecer oportunidades. Por exemplo, se você tiver conhecimento sobre um problema de um cliente na indústria automobilística é mais provável que você descubra a oportunidade de criar um novo negócio no setor automotivo relacionado a informações sobre um novo material inventado, do que outras pessoas, que não possuem informação sobre o mercado automobilístico.

Outro atributo mental que permite identificar oportunidades de novos negócios é uma predisposição de ver informações como geradoras de oportunidades, e não como criadoras de riscos. Essa pessoa vê oportunidades para empreendimentos em nova tecnologia. A introdução de novos produtos e serviços é incerta porque não se sabe ao certo se um novo produto pode ser criado, se alguém irá comprá-lo ou se os concorrentes irão capturar os retornos imitando o novo produto ou serviço do empreendedor. Portanto, grande parte da identificação de uma oportunidade envolve estar disposto a ver o seu potencial quando as incertezas são abundantes.

A pesquisa acadêmica deu sustentação a essa observação. Por exemplo, um estudo fez exercícios de simulação com empreendedores especializados e banqueiros. Os banqueiros relataram que viam riscos onde os empreendedores viam oportunidades.[16] Esses tipos de padrões sugerem que os empreendedores têm uma maneira diferente de ver as informações que os ajuda a identificar oportunidades valiosas.

Finalmente, os empreendedores de sucesso parecem ter maior habilidade do que as outras pessoas para pensar em formas de usar informações que recolheram sobre oportunidades.[17] A criatividade facilita a habilidade humana de combinar informações, bem como a de ver padrões nas informações apresentadas a elas. Como resultado, os empreendedores de sucesso identificam padrões em fragmentos de informações diferentes sobre novas tecnologias, necessidades de mercado e estruturas da indústria e criam idéias para novos produtos e serviços em resposta a essas informações, coisa que indivíduos menos criativos freqüentemente desprezam.

PARE! NÃO FAÇA ISSO!

1. Não escolha empregos, redes sociais ou atividades que o coloquem fora do fluxo de informações sobre oportunidades de novos negócios.
2. Não desenvolva uma predisposição ou maneira de pensar que o impeça de reconhecer oportunidades para empreendimentos quando você se deparar com elas.

Em resumo, algumas pessoas, e não outras, identificam novas oportunidades de negócios em alta tecnologia porque têm acesso às informações sobre uma abertura de oportunidade e porque têm características cognitivas que lhes permitem ver essas oportunidades a partir de fragmentos de informações.[18]

RESUMO

Este capítulo explicou a segunda regra para o sucesso em empreendedorismo em tecnologia: identificar uma oportunidade valiosa. O passo inicial nesse processo é localizar a fonte da oportunidade. Há poucas fontes primárias de oportunidades para empreendimentos: mudança tecnológica, mudança política/de regulamentação, mudança social/demográfica e mudança na estrutura da indústria.

A mudança tecnológica é uma fonte de oportunidades porque ela torna possíveis coisas que antes não eram e permite fazer coisas de formas mais eficientes. Uma série de dimensões da mudança tecnológica influenciam seu valor como uma fonte de oportunidades: a magnitude da mudança, sua generalidade, sua viabilidade comercial e seu efeito sobre a estrutura da indústria.

> PERGUNTAS PARA FAZER A SI MESMO
>
> 1. Qual é a fonte de oportunidade do meu novo negócio?
> 2. Que fatores geraram essa oportunidade?
> 3. Que novos produtos, processos produtivos, mercados, matérias-primas e maneiras de organização essas mudanças tornam possíveis?
> 4. Que tipos de inovações estão ocorrendo para fazer essas coisas acontecerem?
> 5. O que me permitiria descobrir essa oportunidade antes que outros o façam?

A mudança política e de regulamentação é uma fonte de oportunidades porque torna possível melhorar a produtividade e deslocar valor de um fator econômico para outro. A desregulamentação cria oportunidades por permitir que estreantes ofereçam novas alternativas. A regulamentação cria oportunidades por aumentar a demanda ou por oferecer subsídios que afetam a relação custo-benefício de produtos e serviços.

A mudança social e demográfica é uma fonte de oportunidades porque ela altera as preferências, alterando assim a demanda. Três tipos importantes de mudanças sociais e demográficas que abrem oportunidades para empreendimentos são deslocamentos demográficos, tendências sociais e mudanças exógenas nas percepções.

Mudanças na estrutura da indústria são uma fonte de oportunidades para empreendimentos porque tornam possível que novos fornecedores entrem e possibilita a mudança na dinâmica da concorrência.

O segundo passo no processo de identificar oportunidades valiosas é descobrir a forma que os esforços para explorar a oportunidade vão ter. As oportunidades não precisam necessariamente tomar a forma de novos produtos e serviços. Elas também tomam a forma de novos mercados, novas matérias primas, novos processos produtivos e novas formas de organização. Embora os empreendedores geralmente pensem na criação de novos produtos e serviços, a criação de novas matérias-primas, de processos produtivos e de formas de organização podem gerar melhores resultados. Um dos fatores-chave que afeta o desempenho do empreendimento é a habilidade de minimizar a imitação. Como novas matérias-primas, processos produtivos e formas de organização são mais fáceis de manter em segredo do que novos produtos, elas são melhores do que outras formas de se explorar oportunidades minimizando imitações.

Um passo-chave no processo de identificar oportunidades valiosas é combinar as formas que as oportunidades adquirem com tipos específicos de inovações. Isso é importante por duas razões. Adequar a forma correta da exploração da oportunidade ao tipo da inovação aumenta o desempenho de novos empreendimentos. Os tipos de inovação não estão uniformemente distribuídos pelas indústrias, indicando que a forma da exploração da oportunidade depende da indústria na qual opera.

Outro passo é identificar onde na cadeia da inovação a mudança ocorre. Isso é importante porque o tipo de inovação que leva à oportunidade varia. Além disso, a tendência das pessoas de criar novas empresas em resposta a essas inovações varia ao longo da cadeia de inovação. A cadeia de inovação indica que algumas indústrias são melhores do que as outras para criar novas empresas.

O passo final no processo é entender como os indivíduos identificam oportunidades de novos negócios. Fatores centrais a esse processo são o acesso a informações e a capacidade de processar essas informações. Algumas pessoas têm mais acesso às informações que sinalizam a presença de uma oportunidade em função de sua posição nas redes sociais, por causa de seu emprego e experiências de vida e por causa do processo de busca que adotam. Algumas pessoas têm mais habilidade que outras para processar as informações e identificar oportunidades para empreendimentos em função de seus esquemas mentais, sua percepção de risco e sua criatividade.

Agora que você entende a regra número dois do empreendedorismo em tecnologia, identificar oportunidades valiosas, vamos para a regra número três, administrar a evolução tecnológica, assunto do próximo capítulo.

NOTAS

1. J. A. Schumpeter, *The Theory of Economic Development: An Inquiry into Profits, Capital Credit, Interest, and the Business Cycle*. (Cambridge, MA: Harvard University Press, 1934).
2. S. Shane, "Explaining Variation in Rates of Entrepreneurship in the United States: 1899–1988." *Journal of Management* 22 no. 5 (1996): 747–81.
3. T. Holmes and J. Schmitz, "A Gain from Trade: From Unproductive to Productive Entrepreneurship." *Journal of Monetary Economics* 47 (2001): 417–46.
4. M. Feldman, "The Entrepreneurial Event Revisited: Firm Formation in a Regional Context." *Industrial and Corporate Change*, 10 no. 4 (2001): 861–91.
5. Schumpteter, J. *The Theory of Economic Development*. op. cit.
6. Mansfield, E. "How Rapidly Does Technology Leak Out?" *Journal of Industrial Economics*, 34 no. 2 (1985): 217–23.
7. A. Klevorick, R. Levin, R. Nelson, and S. Winter, "On the Sources of Significance of Interindustry Differences in Technological Opportunities." *Research Policy* 24 (1995): 185–205.
8. Ibid.
9. Ibid.
10. Ibid.
11. I. Kirzner, "Entrepreneurial Discovery and the Competitive Market Process: An Austrian Approach." *Journal of Economic Literature* 35 (1997): 60–85.
12. D. Blanchflower and A. Oswald, "What Makes an Entrepreneur?" *Journal of Labor Economics*, 16 (1998): 26–60.

13. S. Shane, *A General Theory of Entrepreneurship: The Individual-Opportunity Nexus* (Cheltenham, U.K.: Edward Elgar, 2003).
14. Ibid.
15. D. Sarasvathy, H. Simon, and L. Lave, "Perceiving and Managing Business Risks: Differences between Entrepreneurs and Bankers." *Journal of Economic Behavior and Organization,* 33 (1998): 207–25.
16. Ibid.
17. K. Hyrsky and A. Kangasharju, "Adapters and Innovators in Non-urban Environment," in *Frontiers of Entrepreneurship Research,* ed. P. Reynolds, W. Bygrave, N., Carter, S. Manigart, C. Mason, G. Meyer, and K. Shaver (Babson Park: MA Babson College, 1998).
18. S. Shane, *A General Theory of Entrepreneurship.* op. cit.

Administrar a evolução tecnológica

3

Embora o capítulo anterior indique que a mudança tecnológica é uma fonte de oportunidades, a discussão foi incompleta. Reagir ao tipo correto de mudança tecnológica é tão importante, se não for mais para o empreendedorismo de sucesso em tecnologia, quanto reagir à mudança tecnológica em geral. O empreendedorismo de sucesso em tecnologia exige um foco nas transições tecnológicas.

Esse foco é importante porque, na maior parte do tempo, os empreendedores miram no tipo errado de mudança tecnológica para estabelecer seu novo negócio. Eles começam seu negócio para explorar a mudança incremental. Ao focar na mudança incremental, os empreendedores freqüentemente chegam à conclusão de que eles não conseguem concorrer com as empresas consolidadas e fracassam. O que os empreendedores de sucesso em tecnologia descobriram foi que, para ter sucesso, os novos empreendimentos precisam focar nas transições tecnológicas, pontos onde uma indústria está mudando de uma tecnologia básica para outra, como ocorreu quando a indústria gráfica mudou de máquinas de linotipia de chumbo quente para impressão fria *off-set* por computador.

Seu novo empreendimento terá muita vantagem por focar nas transições tecnológicas porque elas minam as vantagens das empresas consolidadas. A relutância destas em abraçar essas transições permitirá que você entre na indústria e use a nova tecnologia para desenvolver um negócio com vantagem sobre a empresa consolidada. Entretanto, essas transições são difíceis de administrar porque exigem melhorar a nova tecnologia a partir de seu estado inicial e administrar sua entrada no momento adequado. Portanto, os empreendedores de sucesso em tecnologia são aqueles que desenvolveram estratégias específicas para administrar a evolução tecnológica.

Este capítulo se concentra em explicar diversas características-chave da administração do processo de evolução tecnológica.

- Explica por que as tecnologias seguem padrões evolucionários que abrem pontos discretos de transição cuja exploração é valiosa para os empreendedores.
- Descreve o padrão em forma de S de desenvolvimento tecnológico e as implicações desse padrão para os empreendedores em tecnologia.
- Discute o papel dos projetos dominantes e explica como esses projetos influenciam a concorrência para novos empreendimentos.
- Descreve padrões técnicos e como os empreendedores podem usar uma ação estratégica para focalizá-los em seus produtos e serviços.
- Explora negócios de retornos crescentes, explicando o porquê de sua existência e como os empreendedores devem abordar essas indústrias para terem sucesso.

PADRÕES EVOLUCIONÁRIOS DE DESENVOLVIMENTO

A nova tecnologia tende a desenvolver-se de uma maneira evolucionária. Por exemplo, o avanço tecnológico na indústria de computadores seguiu um padrão no qual os microprocessadores se tornaram menores e mais poderosos porque os engenheiros desenvolveram maneiras cada vez melhores de encapsular mais e mais capacidade em cada *microchip*.

Os fatores científicos, econômicos e institucionais definem a direção na qual a tecnologia evolui, mas a evolução depende principalmente do processo incremental pelo qual a pesquisa ocorre. Os cientistas e os engenheiros trabalham dentro de estruturas que limitam suas abordagens de resolução de problemas. Em especial, essas estruturas influenciam a inovação por afetarem a identificação dos problemas que precisam ser resolvidos e daqueles que não precisam. Essas estruturas têm a vantagem de manter os pesquisadores focados nas questões-chave. Entretanto, elas também limitam as possibilidades. Por levarem à criação de um determinado panorama sobre os problemas, essas estruturas também podem levar os pesquisadores a ignorar certos tipos de abordagens.[1] Por exemplo, as estruturas tecnológicas atuais vêem a fabricação de *microchips* mais rápidos como um problema elétrico, e não, como um problema biológico. Conseqüentemente, os pesquisadores não trabalham em soluções biológicas com vistas à velocidade de semicondutores.

Em pontos discretos no tempo, as oportunidades aparecem para mudar fundamentalmente as estruturas tecnológicas que os cientistas e os engenheiros tendem a utilizar. Por exemplo, a indústria de filmes fotográficos enfrentou uma mudança fundamental, do filme tradicional para a tecnologia digital, nos anos 90. Da mesma forma, no final dos anos 80, as impressoras *off-set* enfrentaram uma mudança de impressão com tipos frios para editoração eletrônica. Essas mudanças discretas são importantes para os empreendedores porque as empresas fundadas para explorá-las tendem a ser as novas empresas de maior sucesso.

> **PARE! NÃO FAÇA ISSO!**
> 1. Não concentre todos seus esforços em um paradigma tecnológico existente. Se você o fizer, não será capaz de explorar o novo paradigma, quando ele surgir.
> 2. Não ignore as mudanças nas estruturas tecnológicas que os cientistas e os engenheiros estão usando; elas freqüentemente sinalizam novas oportunidades.

PROJETAR AS CURVAS EM S DE FOSTER

Os avanços incrementais dentro de uma estrutura tecnológica e as mudanças radicais entre essas estruturas podem ser apresentados graficamente usando um conceito chamado de curva em S. Desenvolvido por Richard Foster, um consultor de McKinsey, a curva em S mostra o desempenho de uma tecnologia em função da quantidade de esforço dispendido para desenvolvê-la. Isto é, uma curva em S permite mostrar graficamente o desenvolvimento de determinada tecnologia.[2]

Os produtos e serviços de novas tecnologias começam em um nível bem baixo de desempenho nas dimensões que são importantes para os potenciais clientes.[3] O desempenho dos produtos e serviços de novas tecnologias aumenta à medida que os desenvolvedores dessas tecnologias investem tempo e esforço, melhorando-os nas dimensões com as quais os clientes se importam. Entretanto, inicialmente, os desenvolvedores conseguem muito pouco retorno do investimento de tempo e dinheiro. Quando as pessoas começam a trabalhar com o desenvolvimento de tecnologia, elas freqüentemente gastam tempo em becos. Além disso, mesmo quando não caem nessas armadilhas, o progresso é lento. Tão logo os desenvolvedores resolvem um problema, se deparam com outros, sendo que cada exercício de resolução de problemas rende pouco quanto a melhorias tangíveis. Por fim, os desenvolvedores conseguem identificar um ponto de corte que permite uma grande melhoria no desempenho. Essa melhoria continua até que a tecnologia atinja retornos decrescentes, a qual então diminui a taxa de melhoria da tecnologia. O resultado é uma curva em S de desenvolvimento de tecnologia (veja a Figura 3.1).[4]

Este padrão de desenvolvimento tecnológico em forma de S é importante para você, como empreendedor em tecnologia, sob diversos aspectos. A melhoria inicial do desempenho da nova tecnologia é tão baixa que o desempenho de seus novos produtos e serviços provavelmente será inferior ao desempenho das alternativas existentes no mercado. Conseqüentemente, no início você não conseguirá competir com sucesso com as empresas existentes com base na nova tecnologia. Para concorrer com sucesso, você precisa obter capital e investir em mais desenvolvimento para levá-la ao ponto onde seus novos produtos e serviços consigam competir com as alternativas existentes. Analise, por exemplo, o serviço telefônico pela Internet. O protocolo de voz da Internet foi lançado nos anos 90, mas as empresas que o exploraram não conseguiam concorrer com sucesso com as empresas tradicionais de telefonia porque a tecnologia exigia mais desenvolvimento antes que oferecesse um desempenho comparável ao serviço telefônico tradicional.

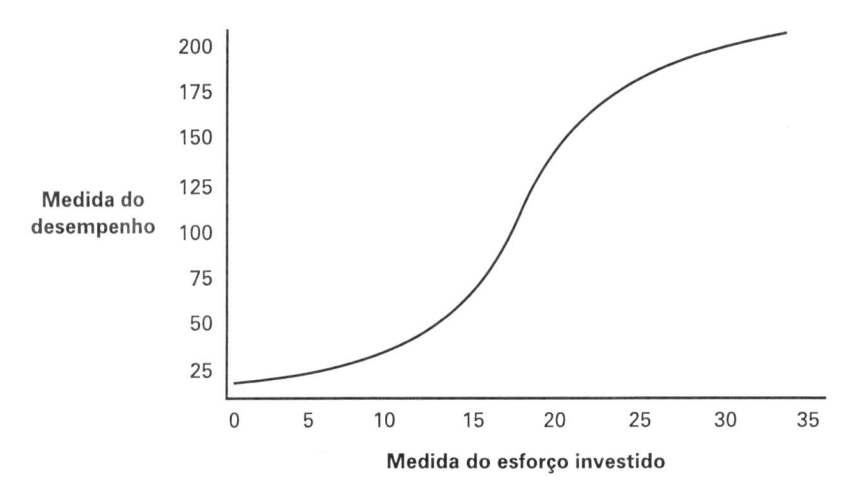

FIGURA 3.1 A curva em S do desenvolvimento tecnológico.

Devido ao esforço de um grande número de empresas emergentes, agora essa tecnologia é uma alternativa competitiva em relação à tecnologia convencional de telefonia.

A curva em S sinaliza quando há uma grande probabilidade de se abrir uma oportunidade e permitir que novas empresas entrem e concorram com as empresas estabelecidas. As empresas estabelecidas geralmente se concentram em fazer melhorias incrementais em uma tecnologia existente, um processo que as leva a se mover mais para cima na curva em S na qual elas já estão operando.[5] Por fim, todas as tecnologias chegam a retornos decrescentes, tornando difícil para os administradores conseguirem uma melhoria de desempenho acentuada em suas tecnologias. Quando as tecnologias enfrentam esses retornos decrescentes, as novas empresas freqüentemente podem entrar no mercado com sucesso, com novas tecnologias.

A curva em S ajuda você, como empreendedor em tecnologia, a entender por que você, e não as empresas consolidadas, irá lançar produtos e serviços baseados em novas tecnologias. Como os produtos e serviços baseados em novas tecnologias iniciam com um desempenho inferior em relação aos produtos e serviços baseados na tecnologia existente, as empresas consolidadas têm pouco incentivo econômico para mudar da tecnologia existente para a nova tecnologia. Os gerentes das empresas existentes simplesmente comparam a nova tecnologia à que eles já estão usando e decidem contra a mudança. Além disso, as empresas consolidadas têm investimentos na tecnologia existente, os quais elas não querem canibalizar através da mudança de tecnologia, o que as leva a relutar mais para lançar novas tecnologias. Além disso, a falta de refinamento da nova tecnologia quando ela recém é lançada freqüentemente leva os gerentes das empresas consolidadas a crerem que a mesma terá aplicação limitada. A falha na projeção da nova tecnologia leva os gerentes das empresas consolidadas a ficarem com o *status quo*, quando fazer isso não faz sentido a longo prazo. Finalmente, mesmo que a nova tecnologia demonstre seu valor, as empresas consolidadas sempre têm a opção de melhorar a tecnologia existente como forma de concorrer com as novas empresas. Conseqüentemente, elas resistem à adoção de novas tecnologias. Em resumo, você e outros empreendedores provavelmente serão aqueles que lançarão os produtos e serviços das novas tecnologias, e não as empresas consolidadas.

A curva em S ressalta a importância de acertar a hora da entrada de seu novo negócio em uma indústria. Como as melhorias no desempenho de uma nova tecnologia têm um padrão em forma de S, e não uma forma linear, é importante que você descubra quando o desempenho de uma nova tecnologia irá acelerar. Isso lhe diz o momento certo para entrar. Entrar muito cedo irá sobrecarregar seu novo empreendimento com custos antes de ele ter uma tecnologia que seja melhor do que aquela oferecida pelos concorrentes das empresas consolidadas. Entrar tarde demais permitirá que outras empresas novas entrem antes de você e tenham as vantagens de ser o primeiro.

Os livros eletrônicos são um bom exemplo de curvas em S e o problema de tempo certo de entrar no mercado. Por vários anos se disse que os livros eletrônicos iriam substituir os livros de papel. Entretanto, até hoje, o desempenho dos livros eletrônicos – facilidade de uso, disponibilidade de títulos, etc. – não excedeu a dos livros de papel, e a taxa de melhoria de desempenho deles tem sido especialmente lenta. Conseqüentemente, a maioria das empresas de livros eletrônicos que foram criadas teve problemas financeiros. Por quê? Os empreendedores que criaram essas empresas erraram no tempo da curva em S. Eles entraram no mercado cedo demais.

Ao entrar antes do ponto de aceleração da curva em S, os empreendedores ficaram presos a uma tecnologia que não era superior a dos concorrentes, perdendo dinheiro antes que pudessem ter um produto competitivo com a tecnologia do livro de papel.

> PARE! NÃO FAÇA ISSO!
>
> 1. Não espere que no começo seus novos produtos sejam tão bons quanto àqueles das empresas consolidadas se você abrir uma empresa para explorar uma nova tecnologia.
> 2. Não entre em uma indústria logo depois que sua tecnologia básica mudar.
> 3. Não espere demais para entrar em uma indústria depois que sua tecnologia básica mudar.

O PAPEL DOS PROJETOS DOMINANTES

Outra questão importante ao administrar o processo de evolução tecnológica é que muitas novas tecnologias convergem para projetos dominantes, de maneira que todas as empresas que produzem um produto irão projetar a sua versão, e essa convergência muda dramaticamente a natureza da concorrência em uma indústria.[6] O motor de combustão interna dos automóveis é um bom exemplo de um projeto dominante. Todos os fabricantes de automóveis produzem veículos com motor de combustão interna. As alternativas de motores a vapor que existiam antigamente, há muito já não existem.

Os projetos dominantes importam a você como empreendedor em tecnologia, porque a maneira pela qual as empresas competem depende muito da existência ou de um projeto dominante. A tecnologia evolui por períodos de mudanças incrementais, interrompidos por desenvolvimentos radicais. Durante os períodos de mudanças incrementais, um projeto é dominante em uma indústria. Um desenvolvimento radical introduz uma era de mudanças na qual muitos projetos competem. Finalmente, uma convergência para um projeto de produto dominante ocorre.[7]

Em geral, as condições anteriores ao surgimento de um projeto dominante são mais favoráveis para novas empresas do que as condições posteriores a esse surgimento. As barreiras de entrada são pequenas, facilitando a formação de empresas a um baixo custo e, por isso, com um risco menor. Também os mercados estão fragmentados, com muitos concorrentes pequenos. Devido a essa fragmentação, é difícil as empresas crescerem muito, e poucos concorrentes têm economia de escala, ou tentam concorrer com base na eficiência de fazer produtos padronizados. Conseqüentemente, novas empresas, as quais não têm economia de escala e altos níveis de eficiência na manufatura, pelo menos inicialmente, estão em menor desvantagem do que estariam se a produção não fosse fragmentada. Além disso, como as empresas na fase de projeto predominante não precisam adotar um projeto que é igual ao das empresas com mais experiência, a concorrência ocorre com base nos diferentes projetos do produto. Isso também favorece as novas empresas, as quais têm estruturas organizacionais não-hierárquicas que facilitam o projeto e o desenvolvimento do produto.

Entretanto, uma vez que surja um projeto dominante, as empresas não mais conseguem concorrer com base na variação do projeto e, em vez disso, têm de competir em custo. A existência de um projeto dominante permite que as empresas explorem economias de escala e se tornem eficientes em manufatura, dificultando às empresas novas igualar as vantagens das empresas já existentes.[8] Conseqüentemente, estabelecido um projeto dominante, as indústrias se consolidam em volta de um pequeno número de grandes empresas. O número de empresas concorrentes em uma indústria cai dramaticamente, estabilizando-se em 52%, em média, com um máximo de 87% dos integrantes iniciais do grupo concorrente.[9]

A história dos veículos elétricos ilustra o conceito da convergência em um projeto dominante. O historiador David Kirsch explica que em 1900 os veículos movidos a gasolina eram menos comuns do que os veículos movidos a vapor e a eletricidade.[10] Embora estes últimos tivessem muitas vantagens técnicas sobre os veículos movidos a gasolina, eles não eram tão eficazes para viagens turísticas. Conseqüentemente, as pessoas começaram a preferir os carros movidos a gasolina. Com o passar do tempo, à medida que os carros movidos a gasolina se tornaram muito populares, os fabricantes projetavam menos veículos movidos a vapor e a eletricidade, e os que o faziam tendiam a fracassar. Conseqüentemente, a indústria automobilística convergiu para um projeto dominante de motores a gasolina no início do século XX, e esse projeto permanece dominante.

Como os projetos dominantes são importantes para o desempenho dos empreendedores, estes compreendem bem o seu surgimento. Em alguns casos, o acaso pode levar à sua formação. Isto é, nós acabamos tendo aquele projeto dominante porque ele estava no lugar certo no momento certo. Essa causa, naturalmente, é a mais difícil para administrar porque não se pode influenciar o acaso. Mesmo assim, é importante que você entenda. Os fatores sociais, políticos e organizacionais podem levar à criação de um projeto dominante. Por exemplo, como foi mencionado anteriormente, uma razão pela qual nós acabamos ficando com o motor de combustão interna como projeto dominante em automóveis foi que, no início do século XX, as pessoas usavam seus automóveis principalmente para viagens de turismo. Isso tornou os motores a gasolina melhor do que aqueles movidos a eletricidade porque estes precisavam de recarga, o que era difícil de fazer no campo.[11] Como os fatores sociais, políticos e organizacionais influenciam a convergência de uma tecnologia para um projeto dominante, você deve compreender a influência resultante sobre a indústria.

A natureza da tecnologia pode levar à formação de um projeto dominante. Por exemplo, a composição química das fibras sintéticas implica que só algumas delas – náilon e poliéster, por exemplo – podem produzir fibras longas. Como resultado, o náilon e os poliésteres são os projetos dominantes de fibras sintéticas.[12] Você pode avaliar então a natureza das tecnologias nas quais está trabalhando para determinar se é provável que venham a convergir para um projeto dominante.

Os projetos dominantes também têm duas características importantes que você precisa lembrar. Não são tecnologias na fronteira do conhecimento. Os projetos no estado-da-arte alcançam desempenho superior por avanços experimentais que são incertos demais para a maioria dos clientes. Como resultado, os projetos dominantes raramente são tecnologias de ponta, ajustando-se às necessidades da maioria dos que os utilizam, em lugar de se adequarem aos usuários que estão na dianteira. Os desenvolvimentos radicais que levam à formação de uma era de mudanças também raramente se tornam projetos dominantes. Por quê? Porque as tecnologias que se tornam projetos dominantes geralmente são moldadas pela variação tecnológica durante a era das mudanças, e é muito difícil para uma mudança tecnológica radical passar pela era das mudanças sem sofrer modificações.

> PARE! NÃO FAÇA ISSO!
>
> 1. Não espere que apenas a tecnologia determine o projeto dominante, lembre-se de que os fatores sociais e políticos também são importantes.
>
> 2. Não espere que uma nova tecnologia que levou a uma mudança radical em uma indústria se torne um projeto dominante.

ENTENDER AS NORMAS TÉCNICAS

Muitos produtos e serviços de nova tecnologia têm que aderir a uma norma técnica, ou a uma base acordada na qual um produto ou serviço opera. Um bom exemplo de uma norma técnica é a tomada elétrica. Todos os dispositivos eletrônicos têm plugues que obedecem exatamente à mesma norma técnica. Isso assegura que todos os dispositivos eletrônicos encaixem em todas as tomadas.

As normas técnicas são importantes para um empreendedor em tecnologia por várias razões. As empresas que produzem produtos que se tornam uma norma técnica freqüentemente são incrivelmente prósperas. Por quê? Porque todas as outras empresas têm que projetar produtos complementares que se ajustem à norma técnica. Como resultado, a empresa que controla o padrão pode muito com seu produto. Veja, por exemplo, o sistema operacional Windows. Como 80% dos computadores do mundo usam o sistema operacional Windows, a Microsoft pode ganhar margens altas sobre esse sistema.

As normas técnicas freqüentemente significam que você pode vender produtos e serviços tecnicamente inferiores aos produtos ou serviços alternativos, mesmo que estes tenham tecnologia superior. O teclado da máquina de escrever é um bom exemplo. O teclado QWERTY padrão foi projetado inicialmente para reduzir a velocidade do datilógrafo, o que era importante nas máquinas de escrever dos anos 1880, que emperravam. Entretanto, pelos anos 1930, diversos projetos superiores de teclados tinham sido patenteados. Na verdade, um desses teclados, patenteado por Dvorak e Dealey em 1932, era tão bom que os custos de treinamento dos datilógrafos para usá-lo podiam ser amortizados em dez dias. Entretanto, os novos teclados nunca foram adotados – mesmo hoje, quando tudo que se precisa fazer é clicar um botão no computador para mudar de teclado – porque o teclado QWERTY é uma norma técnica. As pessoas permanecem com ele, a despeito de sua inferioridade técnica, porque esse teclado é complementar para os fabricantes de *hardware* e para os professores de digitação que podem garantir que todo mundo está seguindo o mesmo padrão técnico se o mundo permanecer fixo no teclado QWERTY.[13]

Deixar de aderir a um padrão técnico pode criar grandes problemas para empreendedores porque os clientes vão naturalmente para os fornecedores que aderem ao padrão técnico. Tome, por exemplo, a experiência de Scott McNealy da Sun Microsystems. Durante anos, a Sun desenvolveu *microchips* customizados que são mais poderosos e mais caros que os *chips* dos concorrentes. Inicialmente, a Sun achou um nicho nos computadores poderosos que funcionam como servidores de rede. Entretanto, por fim, esses computadores, assim como outros, convergiram para o padrão do *chip* da Intel. Conseqüentemente, a Sun sofreu grande queda nas vendas e foi forçada a adotar o padrão técnico para sobreviver.[14]

Uma vez que os padrões técnicos são importantes para os empreendedores, você precisa saber como eles são estabelecidos. As pesquisas mostram que quatro maneiras predominam. Inicialmente, um grupo de empresas concorda em adotar um padrão. Freqüentemente isso significa que as empresas líderes em uma indústria se reúnem e decidem o padrão para a tecnologia que todos estão usando.

Por exemplo, no caso de engenharia elétrica, o IEEE têm muitos comitês de padronização formados com esse objetivo. Outras vezes, o governo impõe um padrão, obrigando, por exemplo, todas as empresas a usar um determinado protocolo de telecomunicações, para garantir que os consumidores possam se comunicar uns com os outros. Às vezes, a própria tecnologia motiva a criação de um padrão. Isso tende a ocorrer quando a tecnologia tiver externalidades de rede ou lucros crescentes. Finalmente, as ações estratégicas de um empreendedor impulsionam a indústria para um padrão.

O uso de ações estratégicas para fazer do produto ou serviço de uma empresa uma norma técnica sugere a pergunta: que ações você deveria tomar, quando cria sua empresa, para fazer do seu novo produto ou serviço um padrão técnico? Afinal de contas, como disse anteriormente, as empresas que controlam o padrão técnico freqüentemente obtêm margens muito altas. Todas as melhores ações para você realizar giram em torno de adquirir mais clientes mais rapidamente que os concorrentes. Um modo de fazer isso é oferecer um baixo preço para gerar um grande volume de clientes, o que atrai os fornecedores de produtos e serviços complementares que tornam o produto ou serviço do empreendedor mais atraente. Tome como exemplo a Microsoft. Como a Microsoft atraiu mais clientes para seu sistema operacional do que seus concorrentes, mais fornecedores estavam dispostos a fornecer aplicativos de *software* para a Microsoft, o que por sua vez o tornou seu sistema operacional mais atraente para os clientes do que o sistema operacional da Apple. Conseqüentemente, o Windows tornou-se o padrão técnico para os fabricantes de *software*.[15]

Você pode trabalhar com os fabricantes de tecnologias complementares de outros modos para tornar seus produtos ou serviços mais atraentes para os clientes, como foi o caso com os fabricantes de videocassetes VHS. Os aparelhos de videocassete são tecnologias complementares para filmes e outros materiais gravados nas fitas. O formato VHS para videocassetes se tornou o padrão técnico, e não a alternativa para o Betamax, porque as empresas que produziam no formato VHS trabalharam com muito mais empenho do que a Sony para conseguir que os produtores de cinema gravassem seus filmes no formato VHS. Conseqüentemente, havia mais filmes disponíveis para VHS do que para Betamax, estimulando a adoção de VHS como o padrão técnico.[16]

PARE! NÃO FAÇA ISSO!

1. Não deixe de aderir aos padrões técnicos ao criar seu produto ou serviço.
2. Não ignore o papel da ação estratégica na criação de um padrão técnico.

Outra maneira de aumentar a probabilidade de que seu produto se torne o padrão técnico é rapidamente aumentar as vendas. É mais fácil um produto de alto volume de vendas convergir para um padrão técnico do que um produto de baixo volume; o volume de vendas é importante para fazer de um produto um padrão técnico. Para conseguir isso, você primeiramente terá de lançar uma versão simples do produto com características limitadas para permitir que a produção em massa aconteça mais rapidamente.[17]

A EVOLUÇÃO EM NEGÓCIOS DE RETORNOS CRESCENTES

Os acadêmicos costumavam achar que todos os negócios se baseavam em um conceito de retornos decrescentes. Os retornos decrescentes significam que quanto mais de algo você produzir, menores os retornos que você conseguirá nessa produção. Um bom exemplo de retornos decrescentes é a mineração. Primeiramente, quando se minera um veio de carvão ou de ouro, obtém-se um alto retorno porque você pega os veios de menores custos. Com o passar do tempo, entretanto, ao produzir mais e mais carvão ou ouro, acaba o material de acesso fácil e se é forçado a incorrer em custos cada vez mais altos para buscar os depósitos remanescentes. Conseqüentemente, os custos aumentam, causando retornos decrescentes. Enquanto muitas indústrias – mineração, metais pesados, agricultura, construção – mostram retornos decrescentes, muitos negócios de alta tecnologia mostram retornos crescentes.[18]

Os negócios de retornos crescentes são aqueles nos quais os benefícios de algo aumentam à medida que o volume de produção aumenta. O *software* é um bom exemplo de negócio baseado em retornos crescentes. Quanto mais *softwares* você produzir, maiores serão seus retornos sobre as vendas porque virtualmente todos os custos de produção do *software* residem na produção da primeira unidade. Uma vez que os custos iniciais de escrever o código tenham sido pagos, custa apenas centavos para gravar um CD adicional com *software*. Os pesquisadores descobriram que muitos negócios de tecnologia baseados no conhecimento – farmacêuticos, de computadores e telecomunicações, para citar apenas alguns – mostram retornos crescentes.

Certo, então por que algumas indústrias, e não outras, mostram retornos crescentes? A primeira razão foi sugerida antes. Quando os custos iniciais são altos e os custos marginais são baixos, os custos unitários caem dramaticamente à medida que o volume aumenta. Conseqüentemente, os retornos crescentes se fazem presentes. Tome, por exemplo, a produção de remédios. Custa centenas de milhões de dólares para pesquisar e testar um novo remédio. Entretanto, uma vez que esse remédio tenha conseguido a aprovação do FDA, a maior parte dos custos já ocorreu. O custo de produzir cada cápsula de um remédio é muito pequeno. Quanto mais um remédio for produzido, mais alta é a margem de lucro na venda do remédio.

Outra razão são as externalidades de rede. Elas descrevem uma situação na qual o valor de um produto ou serviço aumenta com o número de pessoas que o usa. Tome como exemplo o *e-mail*. Quando poucas pessoas tinham *e-mail*, ele era uma ferramenta de comunicação muito menos valiosa do que é agora quando um grande número de pessoas o possui. Por quê? Quando poucas pessoas tinham *e-mail*, as pessoas não podiam presumir que ele pudesse ser usado como maneira de se comunicar, o que reduzia o valor da ferramenta.

Os retornos crescentes existem em algumas indústrias porque as tecnologias complementares são importantes nessas indústrias. Quando as tecnologias complementares existem – coisas como *hardware* e *software* de computador que juntos ajudam as pessoas a atingir seus objetivos – o valor de ambas as tecnologias aumenta com o volume. Um bom exemplo disso é a relação entre as conexões de banda larga da Internet e o protocolo de voz na Internet. À medida que o acesso à banda larga se torna mais difundido, a capacidade de se usar a Internet para conversações telefônicas aumenta, facilitando o desenvolvimento desse produto.

Os retornos crescentes existem em algumas indústrias e não em outras porque o aprendizado do fabricante é alto. Quando as empresas podem aprender bastante pela operação de seu negócio, a eficiência aumenta significativamente com os níveis de produção. Assim, quanto mais uma empresa produzir, menores se tornam os seus custos e maiores as margens de lucro.

Os retornos crescentes também existem em algumas indústrias e não em outras porque os custos de mudança são altos. Se for caro mudar de um produto ou serviço para outro, os clientes ficam "amarrados" no produto ou serviço que eles já estão usando. Se os custos de mudança são altos, o cliente sempre tem mais vantagens em permanecer com o produto ou serviço que já possui, em vez de incorrer no custo de mudar. Se as pessoas não mudarem, isso beneficia a empresa que produz o produto ou serviço.

É importante que você entenda os retornos crescentes se quiser se tornar um empreendedor de sucesso em tecnologia, porque iniciar empresas em indústrias baseadas em retornos crescentes é bem diferente de iniciar empresas em indústrias baseadas em retornos decrescentes. Em indústrias baseadas em retornos crescentes, as vantagens de ser o primeiro – os benefícios de fornecer o primeiro produto ou serviço em um mercado – são muito importantes. O sucesso no início freqüentemente gera o sucesso mais tarde, porque as empresas que têm mais clientes inicialmente enfrentam custos menores do que aquelas que têm menos clientes no início da atividade. A eBay, a casa de leilões da Internet, fornece um bom exemplo. Como foi uma das primeiras casas de leilões da Internet, conseguiu os primeiros clientes. Pelo fato de ter esses clientes, outras pessoas foram atraídas a vender seus produtos na eBay (a maior parte dos clientes já estava indo lá), o que fez com que ela obtivesse margens mais altas do que outras casas de leilões da Internet e os manteve na frente da concorrência.

Como as vantagens de ser o primeiro são tão importantes em indústrias baseadas em retornos crescentes, esperar até contar com a melhor tecnologia não é uma estratégia muito eficaz nessas indústrias. Se você atrasar o lançamento de seu novo produto ou serviço até que tenha aperfeiçoado sua tecnologia e a tornado superior a da concorrência, terá muitos problemas em um negócio de retornos crescentes. Nesses negócios, as melhores tecnologias podem não ser as vencedoras. Se os clientes não acharem que vale a pena mudar de outro produto para o seu, eles freqüentemente permanecerão com a tecnologia inferior depois que sua tecnologia superior tenha sido lançada. Conseqüentemente, a melhor estratégia nessas indústrias é entrar logo no mercado com quaisquer produtos que tenha e, então, tentar melhorar seus produtos no processo de operação de seu negócio.

Esse é o procedimento padrão na indústria de *software*. Sabendo que *software* é uma indústria baseada em retornos crescentes, a maioria dos empreendedores de sucesso nessa indústria inicia com o lançamento de versões beta que necessitam de significativas melhorias técnicas. Eles então melhoram seu *software* ao longo do tempo enquanto operam seus negócios. Esses empreendedores têm o conforto de saber que é muito custoso para os clientes mudarem dos seus produtos para os produtos dos concorrentes, o que faz com que a estratégia funcione.

A estratégia dos empreendedores em negócios de retornos crescentes difere daquela dos empreendedores em negócios de retornos decrescentes devido à importância de gerar a "amarração" do cliente. Como os retornos aumentam com o volume vendido, fidelizar os clientes é importante para aumentar os retornos financeiros.

Uma maneira de amarrar os clientes a um produto ou serviço é usar o "modelo da lâmina de barbear". Esta denominação foi definida em homenagem às primeiras empresas de lâminas que costumavam vender seus aparelhos de barbear próximos ao preço de custo e, então, realizavam todos seus lucros na venda de lâminas projetadas especificamente para seus aparelhos. Essa abordagem leva os clientes a ficarem amarrados aos componentes de reposição que pertencem à empresa que lhes forneceu o sistema inicial. Uma vez que os clientes tenham comprado o sistema inicial, geralmente é melhor para eles comprar os componentes desse sistema do que mudar de sistema, mesmo que os componentes custem mais do que os oferecidos pelos concorrentes.

Se seu novo produto tem um componente que é comprado primeiro e outro que é comprado repetidamente ao longo do tempo, a melhor estratégia é oferecer o primeiro componente a um custo baixo para atrair o cliente. Se o cliente ficar amarrado, então o componente que é comprado repetidamente ao longo do tempo pode ser vendido com uma alta margem. Um bom exemplo dessa estratégia é usada pelos fabricantes de videogames. A maioria dos dispositivos para jogar os videogames é vendida a um preço próximo ao de custo, mas os jogos são vendidos com altas margens. Uma vez que as pessoas tenham comprado determinado aparelho de videogame, elas têm um custo alto para mudar para outro, o que permite que os fabricantes vendam os cartuchos dos jogos a um preço alto.

Oferecer o componente inicial a um custo baixo é fundamental para essa estratégia por duas razões. Os produtos de novas tecnologias, na sua maioria, são incertos. Os clientes não sabem se eles terão valor até que eles os usem. Portanto, um preço baixo é necessário para conseguir que eles testem o sistema e vejam se vale a pena utilizá-lo. A maioria dos clientes é míope. Eles geralmente subestimam quantas unidades de um produto irão comprar ao longo do tempo, especialmente se há incertezas inicialmente sobre o valor do produto. Conseqüentemente, eles quase sempre selecionam um produto de custo inicial baixo e de alto custo de compra recorrente do componente, e não um produto com custo inicial alto e compra recorrente de componente de baixo custo porque eles crêem que a primeira opção é mais barata que a segunda.

Outro aspecto importante de estratégia que você deve seguir em negócios de retornos crescentes é agir buscando garantir que tecnologia complementar seja desenvolvida. Conseqüentemente, as estratégias de sistemas abertos funcionam muito bem em negócios de retornos crescentes. Ao tornar sua tecnologia aberta para outros, você permite que os fabricantes de tecnologias complementares entendam como fornecê-las. Isso, naturalmente, irá aumentar a chance de que as tecnologias complementares estejam disponíveis, e esta disponibilidade, por sua vez, irá gerar retornos crescentes.

Os benefícios de se produzir um produto ou serviço em um negócio de retornos crescentes também são aumentados pela escolha de parceiros estratégicos. Uma empresa pode colocar seus produtos ou serviços no mercado mais rapidamente, contratando outras empresas para produzir esses produtos ou serviços. Essa abordagem é muito eficaz em negócios de retornos crescentes porque as vantagens da produção em grande volume e as vantagens decorrentes de ser o primeiro entrante fornecem benefícios muito grandes nesse tipo de negócio. Esse, naturalmente, é o motivo por que tantas novas empresas em indústrias, tais como *software*, são empresas virtuais, onde as novas empresas não estabelecem uma produção, mas licenciam, ou formam alianças estratégicas com outras empresas para produzir o *software* para elas.

Outro aspecto da estratégia que você deve seguir em negócios de retornos crescentes é fazer grandes apostas.[19] Há algumas razões para isso. Para ter sucesso nesse tipo de indústria, você precisa primeiro atrair os clientes e em segundo lugar ter lucro, de modo que esses negócios passam por altos níveis de fluxo de caixa negativo. Conseqüentemente, esses negócios precisam de investidores com bastante dinheiro, que irão apostar quantias significativas nos negócios.

Não há razão para você começar pequeno em um negócio de retornos crescentes. Se a tecnologia oferecer retornos crescentes, há um valor significativo em se ter um alto volume de produção. Como resultado, iniciar um negócio pequeno e ir aumentando-o com os próprios recursos não é uma estratégia muito eficaz. Iniciar com uma pequena escala levaria você a perder as vantagens de ser o primeiro e de amarrar muitos clientes que são cruciais para os negócios de retornos crescentes Portanto, você precisa fazer investimentos de grande magnitude em negócios de retornos crescentes.

PARE! NÃO FAÇA ISSO!

1. Não adote uma estratégia de negócio de retornos decrescentes em um negócio de retornos crescentes.
2. Não tente explorar um negócio de retornos crescentes em pequena escala.

Os negócios de retornos crescentes são aqueles nos quais quem ganha leva tudo. Como as empresas de maior sucesso em negócios de retornos crescentes têm estruturas de muito menor custo do que seus concorrentes, esses negócios tendem a se tornar monopólios naturais nos quais os produtos das empresas de maior sucesso se tornam padrões técnicos de fato. Conseqüentemente, os novos empreendimentos ou controlam o mercado e obtêm altas margens, ou então tendem a fracassar.

Naturalmente, esses negócios não são para os fracos do coração. Os negócios nos quais as pessoas fazem investimentos maiores para tentar dominar um mercado têm um risco maior do que outros negócios porque os empreendimentos podem fracassar, e a perda é mais alta se o valor investido foi maior.

> **PERGUNTAS PARA FAZER A SI MESMO**
>
> 1. A indústria na qual estou pensando entrar está passando por uma transição tecnológica?
> 2. Qual é o ritmo do progresso tecnológico em minha indústria?
> 3. Já surgiu um projeto dominante ou um padrão técnico?
> 4. Se não, o que posso fazer para tornar meu produto um projeto dominante ou um padrão técnico?
> 5. O negócio em que estou entrando é de retornos crescentes ou decrescentes?
> 6. Se for um negócio de retornos crescentes, o que eu deveria fazer para capitalizar isto?

Portanto, as grandes apostas em negócios de retornos crescentes são importantes para o sucesso, mas também são arriscadas. A empresa emergente em entrega de gêneros alimentícios via Internet, Webvan, é um exemplo da magnitude do risco que os empreendedores e seus investidores enfrentam quando iniciam um nova empresa em um negócio de retornos crescentes. Os investidores dessa empresa perderam centenas de milhões de dólares quando o empreendimento fracassou.

RESUMO

O desenvolvimento tecnológico segue um padrão evolucionário no qual os cientistas e os engenheiros trabalham dentro de estruturas que limitam as abordagens de soluções de problemas a um paradigma prevalecente. Em certos momentos, novas tecnologias surgem e mudam radicalmente o paradigma tecnológico subjacente. Essas mudanças radicais são uma excelente oportunidade para os empreendedores entrarem nessas indústrias, desde que consigam administrar bem a transição tecnológica.

Administrar bem a transição tecnológica exige que você entenda a curva em S de Foster do desenvolvimento tecnológico. A curva em S mostra que as tecnologias inicialmente têm uma melhoria de desempenho lenta devido ao processo de aprendizado. Então, invenções são feitas e as tecnologias melhoram dramaticamente. Na fase final, as melhorias diminuem à medida que as leis dos retornos decrescentes passam a agir. Nesse momento geralmente surge uma nova tecnologia, levando para uma transição para uma nova curva em S.

As curvas em S de Foster têm diversas implicações para o empreendedor em tecnologia. A transição para uma nova curva em S é quase sempre levada a cabo por novas empresas e não pelas empresas consolidadas, que têm pouco incentivo para fazer a transição. A nova tecnologia geralmente inicia com um desempenho pior do que a anterior, tornando muito difícil para a nova empresa concorrer neste momento com as empresas consolidadas. O tempo certo de entrada da nova empresa é importante. Uma entrada cedo demais significa melhorias muito lentas na tecnologia que dificultam que as novas empresas sejam competitivas se comparadas com as empresas consolidadas que usam a tecnologia anterior, e uma entrada tarde demais significa perder a oportunidade de entrar – com a nova tecnologia – para outros empreendedores.

Administrar a evolução tecnológica também envolve entender os projetos dominantes e como eles influenciam a concorrência para as empresas novas e as consolidadas. As empresas novas tendem a ter um desempenho melhor antes de ser estabelecido um projeto dominante do que depois que ele já estiver definido. O motivo disso é que antes da convergência para projetos dominantes, as barreiras de entrada para novas empresas é baixa, a concorrência dos produtos é forte, as curvas de aprendizado são limitadas, a eficiência é relativamente pouco importante, e as hierarquias organizacionais não são eficazes na fase do projeto dominante. Todos esses fatores favorecem as empresas novas em relação àquelas já estabelecidas.

Administrar a evolução tecnológica exige que você considere o papel dos padrões técnicos. Os padrões técnicos são criados por acordos entre empresas, ações do governo, características da própria tecnologia e ações estratégicas dos empreendedores. Estabelecer o produto de uma empresa como o padrão técnico gera grandes retornos financeiros para a atividade empreendedora, por isso os empreendedores de sucesso freqüentemente tomam ações estratégicas específicas para tornar seu produto um padrão técnico: adotando um preço baixo, fazendo seus novos produtos e serviços funcionarem eficazmente com tecnologias complementares e lançando produtos simples.

Um aspecto final da administração da evolução tecnológica que deve ser considerado é a das diferenças nos padrões de desenvolvimento dos negócios de retornos crescentes e decrescentes. Os negócios têm retornos crescentes quando os custos iniciais são altos em relação aos custos marginais, quando as externalidades de rede estão presentes, quando as tecnologias complementares são importantes para o uso efetivo de um produto ou serviço, quando o aprendizado do fabricante é forte e quando os custos de mudança são altos. Sob condições de retornos crescentes, uma estratégia empreendedora eficaz envolve conseguir a vantagem de ser o primeiro, fazer parceria cedo com os fabricantes de tecnologias complementares e apostar agressivamente.

Agora que você entende a regra número três do empreendedorismo em tecnologia, administrar a evolução tecnológica, vamos analisar a regra número quatro, identificar e satisfazer as reais necessidades do mercado, assunto do próximo capítulo.

NOTAS

1. G. Dosi, "Sources, Procedures, and Microeconomic Effects of Innovation." *Journal of Economic Literature,* 26 (1988): 1120–71.
2. R. Foster, *Innovation: The Attacker's Advantage* (New York: Summit Books, 1986).
3. Ibid.

4. Ibid.
5. Ibid.
6. J. Utterback, *Mastering the Dynamics of Innovation* (Cambridge: Harvard Business School Press, 1994).
7. Ibid.
8. Ibid.
9. S. Klepper and E. Graddy, "The Evolution of New Industries and the Determinants of Market Structure." *Rand Journal of Economics,* 21 no. 1 (1990): 32.
10. D. Kirsch, *Electric Vehicles and the Burden of History* (New Brunswick, NJ: Rutgers University Press, 2000).
11. Ibid.
12. J. Utterback, *Mastering the Dynamics of Innovation.* op. cit.
13. P. David, "Clio and the Economics of QWERTY." American Economic Review 75 (1985): 332–37.
14. P. Tam, "Cloud over Sun Microsystems: Plummeting Computer Prices." *Wall Street Journal,* 242 no. 76 (2003): A1, A16.
15. B. Arthur, "Increasing Returns and the New World of Business." *Harvard Business Review* (July–August 1996): 100–109.
16. M. Cusumano, Y. Mylonadis, and R. Rosenbloom, "Strategic Maneuvering and Mass Market Dynamics: The Triumph of VHS over Beta." *Business History Review* 66 (1992): 51–94.
17. B. Arthur, "Increasing Returns and the New World of Business." op. cit.
18. Ibid.
19. Ibid.

4 Identificar e satisfazer as reais necessidades do mercado

Para criar uma empresa de sucesso em alta tecnologia, você precisa lançar um produto ou serviço que satisfaça às necessidades do cliente de uma maneira melhor do que os concorrentes, e a um preço que seja maior do que o custo de criar esse produto ou serviço. Embora, em princípio, esse objetivo possa parecer fácil de ser atingido, na prática ele não é. Você precisa identificar as *reais* necessidades do cliente e fornecer produtos ou serviços que atendam a essas necessidades de novas formas, ou atender a essas necessidades de maneiras que sejam significativamente melhores do que as alternativas oferecidas pelas empresas concorrentes.

Você precisa avaliar as preferências do cliente para as características que os novos produtos e serviços oferecem. Como muitos produtos e serviços de novas tecnologias criam novos mercados ou transformam radicalmente os mercados existentes, esse processo de avaliar as preferências do cliente é difícil e exige que você use técnicas de avaliação do mercado que vão além dos grupos de foco e das pesquisas com as quais provavelmente está familiarizado.

Você precisa aprender como colocar preço e como vender seus produtos e serviços de novas tecnologias. Isso envolve aprender sobre as decisões de compras de potenciais clientes e como os usuários às vezes, mas não sempre, são os compradores de novas tecnologias. Isso também envolve aprender a utilizar eficazmente técnicas de venda pessoais, em vez de depender de propaganda ou da reputação da marca para vender novos produtos e serviços. Finalmente, envolve a fixação exata de preços dos produtos e serviços da nova tecnologia.

Este capítulo discute todos esses tópicos. Ele começa com a identificação de uma real necessidade por novos produtos e serviços.

IDENTIFICAR UMA REAL NECESSIDADE

Os empreendedores de sucesso em tecnologia criam empresas que oferecem novos produtos e serviços que atendem a uma *real* necessidade do cliente. Embora esse ponto possa parecer muito óbvio, ele precisa ser abordado. A maioria dos empreendedores em tecnologia não oferece novos produtos e serviços que atendam às reais necessidades dos clientes. O resultado disso é que as suas empresas geram poucas vendas e não vão a lugar algum.

Se é importante para você, como empreendedor em tecnologia, lançar novos produtos e serviços que atendam a reais necessidades, como você descobre se há uma real necessidade de cliente para os produtos e serviços que criou? Respondendo a perguntas básicas. Os clientes têm um problema que nenhum dos produtos e serviços existentes resolve? Se nenhum dos produtos e serviços existentes resolve um problema que os clientes estão procurando resolver, então existe uma real necessidade. Um teste doméstico não-invasivo que detecte a hipertensão seria um exemplo de algo que atende a uma real necessidade. Atualmente não há maneira das pessoas verificarem sozinhas se têm hipertensão e, então, tratar esse problema antes que ele cause prejuízos sérios. Outra pergunta básica a fazer é se existe uma maneira significativamente melhor de resolver um problema do cliente que um produto ou serviço existente já resolva? Uma real necessidade também existe se um novo produto ou serviço for significativamente melhor para resolver um problema de cliente do que os produtos ou serviços dos concorrentes em dimensões que os clientes considerem importantes. Observe o uso da palavra *significativamente* nas duas sentenças anteriores. Para que exista uma real necessidade, o novo produto ou serviço não pode ser apenas um pouco melhor do que a alternativa existente. Efetuar mudanças envolve uma dificuldade bem grande, de modo que as pessoas não irão realizá-las apenas em função de um leve benefício. Por exemplo, um projeto de motor de automóvel que duplique a eficiência do combustível provavelmente atenderia a uma real necessidade, mas um projeto que aumentasse a eficiência do combustível apenas em 1% provavelmente não o faria.

Como você já deve ter imaginado a partir dessa discussão sobre reais necessidades, lançar com sucesso um novo produto ou serviço é muito mais fácil se você iniciar com um problema do cliente. Obviamente, é muito mais fácil encontrar uma maneira de resolver um problema conhecido do que um problema desconhecido. A maioria dos empreendedores de sucesso em tecnologia percebe isso e age de acordo com essa percepção. Eles pensam em novos produtos e serviços olhando para os potenciais clientes em busca de dicas que os clientes tenham a respeito de um problema não-resolvido ou mal-resolvido.

Os potenciais clientes freqüentemente fornecem dicas para indicar a presença de um problema não-resolvido. A melhor dica é uma reclamação de cliente. Uma reclamação indica que um potencial cliente está descontente com o *status quo*. Pegue, por exemplo, o caso de corretores de seguros, em diversas empresas seguradoras que reclamam que o *software* que usam para verificar os registros de trânsito de seus novos clientes é difícil de usar e impreciso. O fato de diversos agentes reclamarem que estão enfrentando o mesmo problema indica que há a necessidade de uma melhor solução.

Outra dica para a presença de um problema de cliente é a expressão de um desejo não-preenchido. Um desejo não-preenchido indica que o cliente faria algo diferente se pudesse. Um bom exemplo de um desejo não-preenchido é o número de pessoas que indica que gostaria de passar férias no espaço sideral. O fato de as pessoas dizerem que gostariam de passar férias no espaço quando não há maneira de fazer isso no momento fornece evidências de uma necessidade não-satisfeita para o empreendedor que vem com uma maneira de fornecer "férias espaciais".

> PARE! NÃO FAÇA ISSO!
> 1. Não comece um negócio com um produto que não atenda a uma real necessidade do cliente.
> 2. Não ignore as dicas que os potenciais clientes dão sobre quais novos produtos e serviços eles necessitam.

ATENDER A UMA NECESSIDADE REAL

Naturalmente, a identificação é apenas parte do processo de satisfazer uma necessidade real do cliente. Você também precisa desenvolver um produto ou serviço que atenda à necessidade. Mesmo porque, identificar uma necessidade clara do mercado sem conceber um produto ou serviço é apenas um exercício acadêmico que não traz resultado algum para o empreendedor.

Portanto, depois que uma real necessidade é identificada, você precisa desenvolver um produto ou serviço que atenda a essa necessidade. Tomemos o exemplo anterior de turismo espacial. Suponha que você seja o empreendedor nesse exemplo. Como você está planejando levar as pessoas para o espaço? Você vai locar lugares no ônibus espacial da NASA? Ou vai construir um veículo de lançamento? Se você vai construir um veículo de lançamento, vai ser um foguete ou um veículo parecido com um avião? Você precisa responder a essas perguntas se deseja criar um produto que atenda às necessidades dos clientes no negócio de turismo espacial.

COLETAR INFORMAÇÕES SOBRE AS PREFERÊNCIAS DOS CLIENTES

Para projetar um produto que atenda às necessidades do cliente, você precisa coletar informações sobre as suas preferências. Embora isso pareça uma atividade simples, na verdade, não é. Diferentemente de avaliar as preferências dos clientes para refinamentos em produtos e serviços existentes, avaliar as preferências dos clientes para novos produtos e serviços é difícil de fazer com as ferramentas de pesquisa de mercado padrão, tais como grupos de foco e pesquisas de clientes. Para produtos e serviços realmente novos, que são os que os empreendedores lançam com mais eficácia, é preciso fazer coisas como prever tendências e potenciais padrões de adoção para aprender sobre as preferências de clientes.

> **PARE! NÃO FAÇA ISSO!**
>
> 1. Não tente atender às necessidades de clientes que você não consiga resolver com os produtos e serviços que você pode criar.
> 2. Não esqueça de se perguntar como você irá atender às necessidades dos clientes.

Dorothy Leonard, professora da Harvard Business School, sugere diversos motivos para isso. Quando um novo produto é realmente novo, o cliente pode não entender sua necessidade de uso do produto. Embora o cliente tenha uma real necessidade, ele simplesmente é incapaz de compreender essa necessidade ou articulá-la para os empreendedores.[1] Um bom exemplo desse fenômeno é a necessidade de fazer compras pela Internet. Quando a Internet havia sido recém-criada, as pessoas não sabiam como ela poderia ser usada para atender a suas necessidades de fazer compras. Conseqüentemente, no início, os empreendedores não podiam entrevistar as pessoas e lhes perguntar sobre comprar carros ou roupas *on-line* como uma maneira de coletar informações sobre as necessidades delas. Naquele tempo, as pessoas ainda não entendiam por que elas poderiam querer fazer compras *on-line*, ou mesmo o que significava o conceito de compras *on-line*.

Com produtos e serviços verdadeiramente novos, é difícil saber quem são os clientes corretos. Tomemos o *laser*, por exemplo. Quando essa tecnologia foi inventada, ninguém sabia que aplicações de mercado haveria para ele. Na verdade, os advogados da IBM, onde ele foi inventado, não aconselharam o patenteamento porque ninguém da IBM via alguma aplicação de mercado para o *laser*. Agora sabemos que ele tem uma ampla gama de aplicações comerciais, desde fazer CDs até *scanners* de supermercado.

Também é difícil comunicar informações sobre um conceito muito novo de produto ou serviço. Tome, por exemplo, a invenção da máquina de fazer fotocópias. Quando essa tecnologia foi lançada pela Halloid Corporation, a precursora da Xerox, a empresa teve problemas para avaliar se os potenciais clientes estariam interessados. Quando essa tecnologia foi lançada, as pessoas simplesmente não conseguiam reproduzir mecanicamente os documentos que existiam nas bibliotecas, universidades, escritórios, etc. Conseqüentemente, era virtualmente impossível para os fundadores da empresa discutirem o conceito do produto com os clientes que acabaram usando-o. Os potenciais clientes não sabiam que teriam necessidade desse produto, porque o produto precisava ser lançado antes que eles realmente pudessem entender que ele iria resolver os problemas de reproduzir documentos.

Devido à dificuldade de comunicar os conceitos dos produtos e de administrar a incerteza presente com os novos produtos e serviços, a coleta de informações sobre as preferências dos clientes para esses produtos e serviços é bem diferente daquela para produtos e serviços existentes, tanto em termos da filosofia geral subjacente ao esforço quanto em termos das técnicas usadas pelos empreendedores de sucesso. Dada a incerteza e a dificuldade de comunicar informações sobre os novos produtos e serviços, você precisa depender de sua própria intuição e interpretação para descobrir as preferências dos clientes para produtos e serviços verdadeiramente novos. Para fazer isso, você realmente precisa entender o contexto no qual o produto será usado, de modo que possa tomar decisões realmente adequadas às necessidades dos clientes. Portanto, os empreendedores de sucesso tendem a depender de um profundo envolvimento com o cliente em vez de apenas coletar informações por meio de pesquisas de clientes e grupos de foco para descobrir as necessidades dos clientes e desenvolver produtos ou serviços que atendam a essas necessidades.

> PARE! NÃO FAÇA ISSO!
>
> 1. Não use as técnicas de pesquisa de mercado projetadas para produtos e mercados conhecidos para coletar informações sobre os novos produtos e mercados.
>
> 2. Não esqueça de considerar sua própria intuição para avaliar os mercados para produtos e serviços verdadeiramente novos.

POR QUE ESSA ABORDAGEM DE PESQUISA DE MERCADO É IMPORTANTE PARA OS EMPREENDEDORES

A diferença entre coletar informações sobre preferências dos clientes para produtos e serviços novos e existentes é especialmente importante para os empreendedores de sucesso, que provavelmente irão desenvolver produtos e serviços radicalmente novos, em vez de fazer melhorias incrementais a produtos e serviços existentes. Por quê? Os empreendedores de sucesso não têm produtos e serviços existentes sobre os quais possam fazer melhorias incrementais. Portanto, todo seu esforço é para coletar informações sobre as preferências dos clientes para novos produtos e serviços.

Como será explicado com maiores detalhes no Capítulo 6, as melhores oportunidades para o empreendedor em tecnologia são aquelas em que o mercado é novo e a demanda é desconhecida, porque as vantagens e instalações das empresas consolidadas são minimizadas nessas situações. Os tipos de vantagens que as empresas consolidadas têm – coisas como ter movido para cima a curva de aprendizado e ter criado instalações físicas– são menos importantes quando um mercado é novo. Conseqüentemente, você estará melhor lançando novos produtos e serviços em situações nas quais as técnicas de pesquisa de mercado tradicionais de grupos de foco e enquete são menos eficazes. Além disso, é exatamente nessas situações que as empresas consolidadas freqüentemente obterão a informação menos precisa sobre preferências de cliente. Como as pesquisas de grandes amostragens tendem a ser imprecisas para oportunidades incertas, as técnicas de pesquisa de mercado para grandes amostras das empresas consolidadas provavelmente as desencaminharão, dando uma vantagem quanto a entender as preferências do cliente em relação a novos produtos e serviços.

> **PARE! NÃO FAÇA ISSO!**
>
> 1. Não explore oportunidades nas quais as técnicas de pesquisa de mercado tradicionais são melhores para a coleta de informações dos clientes. Você não será capaz de concorrer com empresas grandes, consolidadas para obter esse tipo de informação.
> 2. Não se esqueça de que você é tão bom quanto uma empresa consolidada para coletar informações sobre um produto ou serviço do qual ninguém tenha ouvido falar antes.

NECESSIDADES ABSOLUTAS, COISAS QUE "É BOM TER" E COISAS DESNECESSÁRIAS

Uma das partes mais difíceis na identificação de uma real necessidade é distinguir entre coisas que são absolutamente necessárias para o cliente, em oposição a coisas que "seria bom ter" e coisas que são desnecessárias. Na maior parte do tempo, os clientes fornecem aos empreendedores uma grande quantidade de informações sobre suas preferências, e os empreendedores precisam separar dessas informações o que é necessário, o que é algo a mais e o que é desnecessário. Vamos avaliar um desinfetante de mão. É absolutamente necessário que ele mate bactérias. Se não matar a *E. coli*, não serve para nada. Seria bom se custasse quase nada, mas isso na verdade não é necessário. Mesmo que custe um pouquinho, os clientes pagariam por ele. Qual mecanismo é utilizado para colocar os produtos químicos na vasilha não importa para atender às necessidades do cliente.

O empreendedor que tenta atender às necessidades de um desinfetante de mão precisa incluir nele algo que mate bactérias. Seria bom se ele custasse menos do que o sabonete, e, da perspectiva do cliente, não faz diferença como o empreendedor faz para colocar os produtos químicos na embalagem. O empreendedor de sucesso precisa discernir as preferências sobre as características do produto para descobrir quais atendem às necessidades dos clientes.

Às vezes, as diferenças entre o que é necessário, o que é bom ter, e o que é desnecessário variam nos segmentos do mercado. Se esse for o caso, você pode ter de segmentar o mercado e desenvolver diferentes produtos para diferentes segmentos. Por exemplo, um segmento pode indicar que a cor das embalagens para o desinfetante de mão não importa. Outro pode dizer que ter a cor certa é absolutamente necessário. Essa diferença sugere que se segmente o mercado em dois grupos, um para o qual o produto vem em embalagens pretas e um no qual as cores variam. Essa segmentação pode ser crucial se o produto for mais barato em embalagens pretas, porque isso permitiria oferecer algo agradável – um preço menor.

Naturalmente, as informações sobre necessidades de clientes que sugiram múltiplos produtos e segmentação não são de todo boas. Você pode não ser capaz de lançar vários produtos simultaneamente quando começa a empresa, devido ao custo de organizar o desenvolvimento e os esforços de lançamento de vários produtos simultaneamente. Além disso, cada segmento sozinho pode ser muito pequeno para justificar o custo de desenvolver um produto para servir somente a ele. Assim a informação sobre as necessidades do cliente e a identificação de quais preferências são absolutamente necessárias de serem atendidas, pode indicar que uma oportunidade empresarial não é economicamente viável.

DESCOBRIR UMA SOLUÇÃO ECONÔMICA

Se você descobrir que pode criar um produto ou serviço que atenda a uma real necessidade do cliente, o próximo passo do processo é determinar se o produto ou serviço pode ser produzido economicamente. Esse é um obstáculo muito grande, que muitos empreendedores não conseguem vencer. Claramente, para ganhar dinheiro por meio do lançamento de um novo produto ou serviço, o empreendedor precisa produzi-lo por menos do que o valor pelo qual o produto ou serviço pode ser vendido. Infelizmente, muitos empreendedores aparecem com idéias que seriam soluções desejáveis para necessidades dos clientes, mas não conseguem descobrir como desenvolver esses produtos ou serviços de uma forma lucrativa. Tome, como exemplo, o turismo espacial. Nenhum empreendedor ainda não descobriu como levar as pessoas para o espaço por menos do que o custo que elas estão dispostas a pagar. Conseqüentemente, ninguém ainda estabeleceu um negócio de turismo espacial. Abrir tal negócio significaria criar um negócio que tem prejuízo.

O processo de desenvolver uma solução econômica para as necessidades dos clientes é complicado porque deve equilibrar duas idéias conflitantes. Você só consegue ganhar dinheiro com uma solução para as necessidades do cliente quando um lucro pode ser obtido em algumas transações. Se cada transação criar um prejuízo, então aumentar para múltiplas transações somente irá criar prejuízos maiores, o que por fim irá acabar com seu dinheiro. Esse problema aconteceu com muitos dos iniciantes da Internet dos anos 90 – os empreendedores que fundaram muitas dessas empresas nunca conseguiram descobrir modelos de negócios que lhes permitisse ganhar dinheiro. De modo que aumentar de tamanho somente os fez perder muito dinheiro.

O que torna isso complicado é que, na maioria dos negócios, a lucratividade de cada transação não é a mesma ao longo de todos os níveis de vendas (como é discutido em maiores detalhes no próximo capítulo). Muitos negócios exigem economias de escala, retornos crescentes, ou têm grandes custos de organização. Conseqüentemente, muitos empreendedores invariavelmente perdem dinheiro nas transações iniciais que fazem, mas pensam que as transações de maior volume serão rentáveis. Essa observação ressalta a dificuldade de ser um empreendedor. Freqüentemente, a pessoa pensa que é possível gerar transações lucrativas em níveis mais altos de produção, mas a habilidade para fazer isso não está sempre lá, e, até mesmo quando está, é freqüentemente difícil de obter dinheiro suficiente para criar um negócio que produza no volume no qual as transações se tornam lucrativas.

> **PARE! NÃO FAÇA ISSO!**
>
> 1. Não desenvolva um produto ou serviço até que você tenha classificado as preferências dos clientes em: coisas que são necessárias, coisas que é bom ter e coisas que são desnecessárias para atender às necessidades deles.
>
> 2. Não esqueça de descobrir uma maneira de criar seu produto ou serviço por um custo inferior ao valor que irá obter ao vendê-lo.
>
> 3. Não acredite que você irá ganhar muito dinheiro só porque vende muito. Você precisa descobrir como ganhar dinheiro pelo menos em algumas transações.

OFERECER MELHORES ALTERNATIVAS DO QUE A CONCORRÊNCIA

O próximo passo no processo de lançar um novo produto ou serviço é garantir que ninguém tenha alternativa melhor. Sem uma solução melhor do que a dos outros, você terá dificuldades para realizar vendas em um mercado competitivo. Conseqüentemente, o sucesso não estará próximo.

Desenvolver uma solução melhor do que aquela oferecida pelos concorrentes é mais difícil do que parece. Os empreendedores freqüentemente se convencem de que suas soluções são as melhores, quando, na realidade, esse pode não ser o caso. Por quê? Os empreendedores precisam ser superotimistas para se motivarem a assumir o difícil processo de fundar uma nova empresa. Esse superotimismo torna difícil uma análise realista para seus próprios produtos e serviços. Por essa razão, você precisa ter muito cuidado para não se iludir quando lança um novo produto ou serviço. Antes, você precisa dedicar-se a uma avaliação imparcial e sóbria dos pontos fortes e fracos de sua solução, para garantir que sua solução é, de fato, melhor do que as alternativas dos concorrentes.

Você terá dificuldades para conhecer soluções alternativas às necessidades do cliente que ainda não estejam no mercado, mas que estarão no futuro próximo. Freqüentemente, muitas pessoas estão trabalhando na mesma tecnologia ao mesmo tempo, e não sabem que as outras podem ter uma solução melhor. Tome, por exemplo, o grande número de pessoas que lançou negócios de entrega de gêneros alimentícios pela Internet, ao mesmo tempo. Obviamente, apenas um desses negócios poderia se tornar o melhor. Entretanto, muitos dos empreendedores que fundaram serviços de entrega não sabiam que outras pessoas estavam para fundar serviços de entrega superiores aos deles.

Como você pode descobrir soluções alternativas para as necessidades do cliente? A melhor saída é usar seu círculo social para coletar informações sobre possíveis concorrentes, especialmente sobre aqueles que ainda não existem, para descobrir quem pode ter um produto ou serviço concorrente. Falar com capitalistas de risco, potenciais clientes e outras pessoas, freqüentemente, lhe fornecerá essa informação. Entretanto, falar com essas pessoas não é o suficiente. Os empreendedores de sucesso sabem que precisam ouvir com cuidado o que essas pessoas dizem. Freqüentemente, essas pessoas darão um retorno que indica que há concorrentes com soluções melhores do que aquelas que você está oferecendo. Se for esse o retorno, você terá de mudar seus produtos ou serviços e torná-los melhores do que as ofertas dos concorrentes, ou então desistir do esforço de lançar os novos produtos ou serviços.

> **PARE! NÃO FAÇA ISSO!**
>
> 1. Não comece um negócio a menos que seu novo produto ou serviço seja melhor do que os dos concorrentes.
> 2. Não se convença de que seu produto ou serviço é melhor do que os dos concorrentes quando isso não for verdade.
> 3. Não esqueça de considerar novos produtos ou serviços que outros empreendedores estejam para lançar.

ENTENDER OS PROCESSOS DE *MARKETING* E VENDAS

Para ter sucesso em empreendedorismo em tecnologia, você também precisa entender como divulgar e vender novos produtos e serviços. Esse conhecimento exige que você domine dois conceitos muito importantes: entender o processo de venda pessoal e entender a definição dos preços dos novos produtos e serviços.

A importância da venda pessoal

Muitas pessoas dizem que "um bom produto se vende sozinho". Entretanto, a maioria dos novos produtos não se vende sozinha. Você precisa saber como vender para outros se quiser ser um empreendedor de sucesso em tecnologia. Isso é mais difícil de fazer do que de dizer, porque a venda pessoal eficaz é uma habilidade pouco encontrada atualmente. A maioria dos empreendedores vêm de empresas consolidadas que dependem de uma marca existente ou de um sistema de propaganda para gerar interesse do cliente em seus produtos e serviços. Conseqüentemente, quando as pessoas começam empresas de novas tecnologias, freqüentemente se concentram na divulgação, na distribuição e em outros aspectos de *marketing*, sem perceber que essas atividades não são a chave para realizar vendas quando um novo empreendimento é desenvolvido. No início, o sucesso em *marketing* consiste em grande parte dos esforços dos empreendedores em vender seus novos produtos ou serviços diretamente a potenciais clientes.

Para vender novos produtos e serviços eficazmente, você precisa fazer com que os potenciais clientes se interessem pelo produto ou serviço, inicialmente fornecendo a informação de que você tem um novo produto ou serviço que irá satisfazer a uma necessidade ou resolver um problema deles. Por exemplo, se você desenvolver um tipo de *software* de gerenciamento de estoques, você pode gerar interesse apresentando o sistema em uma feira ou se reunindo com potenciais clientes.[2]

A seguir, pergunte ao cliente quais são as suas exigências na compra desse produto ou serviço. Por exemplo, será que o cliente do *software* de gerenciamento de estoques que acabamos de descrever exige uma interface com o *software* de contabilidade do escritório? Será que o sistema precisaria funcionar com o Windows XP? Pela identificação das exigências específicas do cliente, você pode determinar que aspectos do produto ou serviço irão persuadir o cliente a realizar a compra.

Depois que as exigências do cliente foram identificadas, você poderá ter de vencer as objeções dos clientes para a realização da venda. A maioria das pessoas não compra novos produtos ou serviços sem buscar a resposta a algumas perguntas ou colocar alguns desafios que precisam ser vencidos. Para fechar uma venda, você tem de fornecer uma resposta convincente a essas perguntas e um retorno a esses desafios, fornecendo informações e evidências suficientes para deixar o cliente confortável para se comprometer com a compra.[3] Por exemplo, se você estiver vendendo um *software* de gerenciamento de estoques, você poderá ter que convencer o cliente de que o *software* funciona bem com o sistema operacional Windows, para que ele se disponha a comprar a tecnologia.

Um passo vital é fechar a venda. Tão logo o cliente indicar que está disposto a realizar a compra, você precisa imediatamente mudar a conversa para fechar a venda.[4] O que significa isso em termos práticos? Uma vez que o cliente tenha demonstrado que gosta do produto, ou tenha indicado que ele tem características desejáveis, você precisa levar a conversa em direção a executar a transação. Em geral isso significa fazer uma pergunta conclusiva, a qual indica que o cliente já concordou em realizar a compra. Um bom exemplo de pergunta de fechamento é: "Você gostaria do produto em azul ou em vermelho?" Essa pergunta implica que a única decisão remanescente para o comprador é a escolha da cor e concentra a atenção em concluir a transação.

Saber como vender é importante, mas saber para quem vender também é importante. Se você quer ser um empreendedor de sucesso em tecnologia, precisa prestar atenção em como são feitas as decisões de compras. Freqüentemente, quem compra um novo produto não é o usuário final. Conseqüentemente, você precisa vender o produto com base em critérios diferentes de simplesmente mostrar que ele atende às necessidades e preferências do usuário. Tome, por exemplo, as compras de novos *softwares* para computador em grandes empresas. Em muitos casos, as decisões sobre qual *software* será adotado não são dos usuários daquele *software*, mas dos membros do departamento de tecnologia da informação da empresa. Como os departamentos que usam o *software* não estão fazendo a decisão de compra, vendê-lo com base na sua facilidade de uso para o usuário final ou a compatibilidade com o *software* existente pode não ser tão importante quanto os aspectos de preço e capacidade técnica. Por quê? Porque essas coisas chamam a atenção das pessoas do departamento de tecnologia da informação que estão decidindo a compra.

Estabelecimento do preço de novos produtos

Você não consegue vender seus novos produtos ou serviços se não tiver definido um preço para eles. Além disso, você não irá ganhar dinheiro a menos que o preço que estiver cobrando seja maior do que o custo de produzir o novo produto ou serviço. Embora isso possa soar como óbvio, é muito difícil garantir que o preço do novo produto ou serviço seja maior do que o custo de produzi-lo. Muitos produtos e serviços de novas tecnologias incluem altos custos fixos. Por exemplo, o custo variável de gravar um CD com *software* é de alguns centavos por disco, mas o custo fixo de produzir o programa de *software* anterior a isso pode atingir centenas de milhões de dólares. Como você tem de estimar o volume de suas vendas para determinar se seu preço é suficientemente alto para cobrir os custos fixos, você pode acabar estabelecendo um preço para os seus produtos em um nível abaixo do custo. Pelo menos até que tenha vendido um alto volume de produtos ou serviços. A venda de produtos e serviços de tecnologia freqüentemente envolve custos ocultos que você precisa considerar. Por exemplo, em muitas indústrias as empresas fornecem crédito para os clientes para eles comprarem seus produtos ou serviços. Como o custo de fornecer crédito depende de seu custo de capital, bem como do tempo que o cliente levará para pagar o empréstimo, os cálculos do custo do crédito geralmente são bem complexos e podem impedi-lo de estimar esse custo corretamente.

Outra questão que impacta no preço dos produtos e serviços de alta tecnologia é o ambiente no qual eles serão lançados. Em geral, é difícil lançar um produto a um preço que não fique dentro da faixa dos produtos e serviços existentes, substitutos do novo produto. Conseqüentemente, você precisa estar consciente da possível faixa de preços para o produto ou serviço, e garantir que os preços possíveis são suficientes para gerar margens positivas para o negócio. Embora possa lançar um novo produto ou serviço a um preço mais alto do que a faixa padrão para os produtos ou serviços nessa indústria, você precisa saber que diversos fatores limitam a capacidade de fazer isso com sucesso. Você precisa ter um produto ou serviço radicalmente novo para os quais os clientes não verão outra alternativa como substituto eficaz. Você precisa ter um planejamento para diminuir o preço do produto ao longo do tempo, porque de outra forma não terá como fazer a transição para vendas ao fluxo principal do mercado mais tarde. Como veremos no próximo capítulo, a habilidade de fazer a transição para o fluxo principal do mercado é essencial para um volume significativo de vendas do novo produto ou serviço. Você não deve operar em um negócio de retornos crescentes ou, como foi explicado no capítulo anterior, será colocado em uma posição estratégica não competitiva. Você precisa ter uma explicação convincente para os clientes sobre o alto preço do novo produto ou serviço se, como freqüentemente é o caso, seu desempenho é inferior se comparado às alternativas existentes.

Uma questão final ao definir o preço de produtos e serviços de novas tecnologias diz respeito à importância de entender como os clientes avaliam o preço e outros atributos. Quando os produtos não são *commodities* e, portanto, são diferentes, alguns clientes estão dispostos a pagar um preço mais alto. Essa diferença de preço pode ser atribuída às características diferentes dos dois produtos. Mas qual é o valor de cada uma das diferenças entre os produtos? Isso é fácil de descobrir se os dois produtos forem diferentes em apenas uma dimensão. Se esse for o caso, então a diferença de preço deve ser resultado das diferenças apenas naquela dimensão. Entretanto, se houver duas ou mais diferenças entre os produtos, o valor de cada uma das diferentes características é muito mais difícil de ser calculado. Nesse caso, a diferença de preço está espalhada ao longo de múltiplas dimensões e, freqüentemente, é muito difícil de alocar as diferenças a cada uma das características separadamente. Conseqüentemente, é difícil saber quanto cada característica adicional vale para os clientes e, então, colocar o preço de acordo com isso.

PARE! NÃO FAÇA ISSO!

1. Não espere que seu novo produto se venda sozinho.
2. Não se esqueça de vender.
3. Não estabeleça o preço errado.

PERGUNTAS PARA FAZER A SI MESMO

1. Por que os clientes precisam do produto ou serviço que estou propondo?
2. Qual é a melhor maneira de descobrir quais são as necessidades do cliente quanto ao produto ou serviço que estou planejando lançar?
3. Que características (variáveis como tamanho, peso, durabilidade, etc.) meu produto ou serviço terá e como essas características atendem às necessidades do cliente?
4. Como irei produzir meu produto ou serviço por um valor inferior ao preço de venda?
5. Por que meu produto ou serviço atende melhor às necessidades do cliente do que o dos concorrentes?
6. Que preço devo cobrar pelo meu novo produto ou serviço?
7. Como vou conseguir clientes que comprem meu produto ou serviço?

RESUMO

Este capítulo concentrou-se nas atividades às quais você, como empreendedor em tecnologia, precisa se dedicar para identificar e satisfazer as reais necessidades do mercado. Você precisa identificar as reais necessidades dos clientes: algo que deve ser resolvido, freqüentemente, devido a um problema que o cliente tem. Você deve descobrir uma maneira de desenvolver uma solução para a necessidade, porque somente a identificação da necessidade, sem oferecer um produto ou serviço que a atenda, não gera nenhum lucro. Você precisa avaliar as preferências dos clientes. Para produtos e serviços já consolidados, isso é muito fácil porque os empreendedores podem usar pesquisas e grupos de foco para identificar o que os clientes querem. Entretanto, quando os produtos ou serviços são novos, essas técnicas freqüentemente são ineficazes, e você precisa usar outros mecanismos para identificar as preferências dos clientes, tais como uma interação detalhada com os usuários "de ponta". Você precisa garantir que seus produtos e serviços atendem às necessidades do cliente de uma forma econômica e que seja melhor do que a abordagem oferecida pela concorrência. Você precisa entender o processo de divulgação e de vendas em novas empresas. Você precisa entender que o *marketing* em empresas novas depende muito da venda pessoal por parte dos empreendedores, uma vez que as empresas novas não têm uma marca reconhecida, canais de distribuição superiores ou outras dimensões de *marketing* que beneficiam as empresas consolidadas. Além disso, você precisa acertar no preço dos novos produtos, uma tarefa difícil porque muitos desses produtos têm custos fixos elevados e custos ocultos, em função do ambiente industrial e porque os clientes avaliam o *trade-off* entre o preço e as características do produto e do serviço.

Agora que você entende a regra número quatro do empreendedorismo em tecnologia, identificar e satisfazer as reais necessidades do mercado, iremos discutir a regra número cinco, entender a adoção do cliente, assunto do próximo capítulo.

NOTAS

1. D. Barton, *Commercializing Technology: Imaginative Understanding of User Needs* (Boston MA: Harvard Business School Note 9-694-102, 1994).
2. A. Bhide, *Selling as a Systematic Process* (Boston, MA: Harvard Business School Note 9-935-091, 1994).
3. Ibid.
4. Ibid.

5
Entender a adoção do cliente

Para criar uma empresa de alta tecnologia bem-sucedida, você precisa entender a dinâmica dos mercados de produtos e serviços de novas tecnologias. Essa dinâmica opera de acordo com padrões específicos, os quais influenciam a capacidade dos empreendedores de conseguir que os clientes adotem seus novos produtos e serviços.

Este capítulo se concentra em alguns requisitos que você precisa atender se estiver interessado em garantir a adoção de seus novos produtos e serviços. Você precisa entender a provável distribuição de adotantes de seus produtos e serviços para focalizar eficazmente na base de clientes deles. Além disso, você precisa seguir estratégias específicas para fazer a transição da inovação para o grande mercado. Você precisa escolher o segmento correto do mercado no qual se concentrar para fazer a transição para a maior parte do mercado. Precisa avaliar o tamanho e a taxa de crescimento dos mercados em que você está entrando e, ainda, prestar atenção aos fatores que afetam a taxa de difusão de influência e substituição dos produtos e serviços das novas tecnologias.

A NATUREZA DOS ADOTANTES

Embora você possa ficar entusiasmado quando seu novo negócio vender um produto ou serviço para seus primeiros clientes, e isso é compreensível, atender às necessidades de poucos clientes não é o suficiente para ter sucesso como empreendedor. É preciso conseguir uma grande adoção de novos produtos ou serviços pelo fluxo principal do mercado. Sem vender para o fluxo principal do mercado, você não será capaz de obter um volume suficiente para tirar proveito das economias de escala na produção e distribuição, tornando sua estrutura de custos não-competitiva em muitos contextos. Esse problema é especialmente importante se você financiar seus novos negócios com capital de risco, porque o seu custo de capital virtualmente necessita da redução de custos e aumento em margens que são obtidas por meio de vendas para o fluxo principal do mercado.

Assim, como você pode, como empreendedor em tecnologia, conseguir ampla adoção de seus novos produtos e serviços? Basicamente você precisa entender quais clientes irão adotar os produtos, quando isso irá ocorrer e que características seus produtos e serviços precisam ter para obter aceitação de determinado segmento do mercado. Dados os recursos limitados da maioria dos novos empreendimentos, administrar o processo de adoção também significa que você terá de se concentrar seqüencialmente em diferentes segmentos de clientes. Conseqüentemente, terá de saber como atingir o segmento de clientes inicial correto.

Projetar a adoção do cliente

O primeiro passo nesse processo é entender os padrões de adoção do cliente no que diz respeito a produtos e serviços de novas tecnologias. Esses padrões de adoção estão baseados em algumas questões básicas. O padrão de adoção de novos produtos mais comum é uma distribuição normal, como é mostrado na Figura 5.1. Isso ocorre porque a maioria dos padrões de comportamento humano são normalmente distribuídos, com uma pequena parcela das pessoas fazendo as coisas mais cedo, outra parcela fazendo as coisas um pouco mais tarde e a maior parte das pessoas fazendo as coisas em um momento intermediário.[1]

Quando um novo produto é lançado, um pequeno número de clientes, chamados de inovadores, o adota imediatamente. Esse grupo de adotantes é relativamente

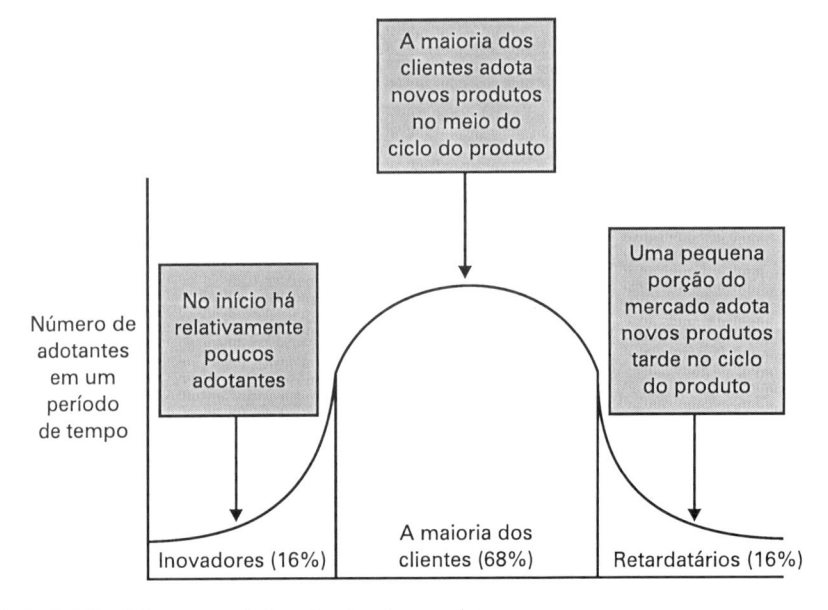

FIGURA 5.1 A distribuição normal da adoção de produtos.

pequeno porque os novos produtos ou serviços têm um valor incerto. A maior parte dos potenciais clientes exige muitas informações sobre o potencial valor de um novo produto ou serviço antes de adotá-lo e, por isso, não o adota imediatamente. Entretanto, uma pequena parcela do mercado é suficientemente astuta tecnologicamente para ver o valor de novos produtos e serviços com poucas informações e, assim, adotá-los rapidamente.[2]

Um segundo grupo de clientes, chamado de maioria, segue os inovadores. Esse grupo é maior do que o grupo inicial. Por quê? Porque mais pessoas estão dispostas a comprar novos produtos e serviços à medida que as informações sobre o valor deles se tornam conhecidas e suas incertezas diminuem. A adoção de produtos e serviços de novas tecnologias pelos inovadores gera informações sobre o valor dos novos produtos e serviços, tornando mais fácil para potenciais clientes obterem as informações de que precisam para tomar a decisão de adoção.

Outro grupo de clientes, chamados de retardatários, segue a maioria. Esses clientes não irão adotar um produto de nova tecnologia até que ele esteja bem estabelecido. Conseqüentemente, esse grupo adota novos produtos muito tarde no ciclo de vida. Esse grupo é menor do que a maioria do mercado, geralmente, igual em tamanho aos inovadores, porque uma pequena parcela do mercado ficou intocada depois que a maioria adotou o produto ou serviço.[3]

Esse padrão de adoção provavelmente lhe é familiar se você acompanhou as vendas de celulares nos últimos 25 anos. Quando os celulares surgiram, eles eram muito caros, muito grandes e algo que poucas pessoas compravam. Mas alguns clientes compraram esses aparelhos quando eles surgiram, bem antes que a maioria das pessoas tivesse sequer ouvido falar de celular, quanto mais pensado em comprar um. Mais tarde, a vasta maioria do mercado comprou telefone celular quando eles se tornaram menores e mais acessíveis. Entretanto, mesmo quando a maioria dos clientes já havia comprado seu celular, alguns adotantes ainda não o tinham feito. Esses retardatários compraram seu primeiro celular apenas recentemente.

Entender que o padrão típico de adoção de novos produtos e serviços é distribuído normalmente é importante para você, como empreendedor em tecnologia, por duas razões. Ele mostra que os diferentes grupos de consumidores que adotam novos produtos ou serviços em diferentes pontos no tempo, freqüentemente, têm motivações diferentes. Por exemplo, os inovadores compram novos produtos e serviços tão logo eles surgem, porque eles têm uma necessidade de explorar os usos de novas tecnologias. Esses consumidores são tipicamente insensíveis a preço porque há muito poucas alternativas para os produtos e serviços que eles compram, o que torna esses produtos muito caros. (Você se lembra de quanto custavam os primeiros computadores pessoais?) Em contraste com os inovadores, a maioria dos consumidores vê algum valor em produtos e serviços de novas tecnologias, mas exige mais informações sobre o valor deles para poder tomar as decisões de compra e, freqüentemente, busca informações sobre o valor da tecnologia, bem como evidências de adoção com sucesso por outros consumidores, antes que estejam dispostos a comprar.[4] Os retardatários são muito resistentes a novas tecnologias e à sua adoção. Esse grupo geralmente adota os produtos simplesmente porque não têm mais escolha devido à substituição do produto anterior.[5]

Entender que o padrão típico de adoção de novos produtos e serviços é distribuído normalmente fornece uma linha base para estimar a proporção do mercado que adotará produtos e serviços de novas tecnologias em cada ponto no tempo. Além disso, mesmo quando os padrões de adoção não seguirem uma distribuição normal, você pode usar desvios da linha-base para estimar como os diferentes fatores influenciam o padrão de adoção.

Capturar a maior parte do mercado

Uma observação importante que surge da discussão da distribuição de adotantes é que os inovadores não são responsáveis por um grande volume de negócios. Conseqüentemente, você precisa descobrir como fazer a transição para a maioria do mercado, se quiser ser um empreendedor de sucesso.

Infelizmente, a maioria dos empreendedores considera muito difícil fazer a transição das vendas para inovadores para vendas para a maioria do mercado, uma situação que levou o consultor de *marketing* Geoffrey Moore a chamar a transição de "cruzar o abismo" (veja a Figura 5.2).[6] A dificuldade de cruzar o abismo significa que muitos empreendedores trabalham bem quando lançam um produto ou serviço para os inovadores, mas logo a seguir têm dificuldades, quando tentam expandir para o fluxo principal do mercado.

Para você fazer a transição de seu produto ou serviço com sucesso para o fluxo principal do mercado, irá necessitar de mudanças muito importantes em seus esforços de venda de seus novos produtos ou serviços. Quando você faz a transição buscando vender para a maioria do mercado, você repentinamente se depara com clientes que exigem fortes evidências do valor de seus produtos e serviços, em vez de atender a clientes que acham todos os produtos e serviços de novas

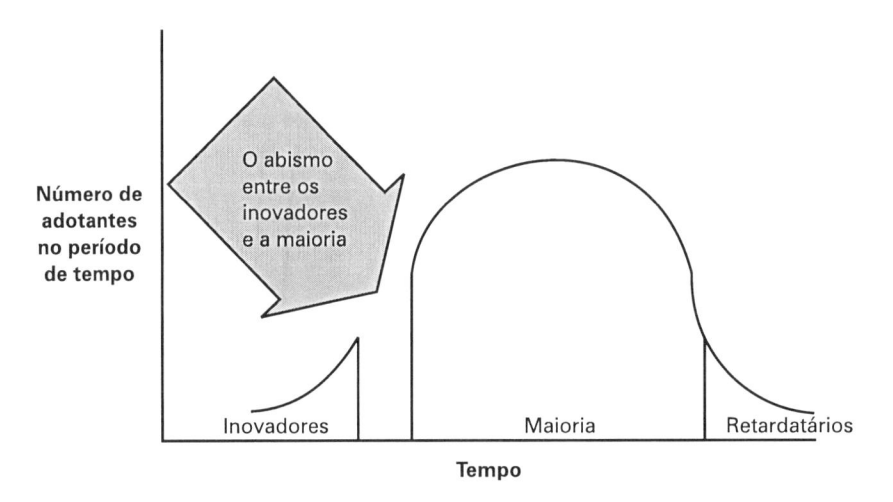

FIGURA 5.2 Cruzando o abismo.

tecnologias atraentes. Conseqüentemente, você precisa juntar evidências e explicar como seu novo produto ou serviço fornece mais valor aos clientes do que as alternativas oferecidas pelos concorrentes.[7]

Além disso, a maior parte do mercado não é tecnologicamente astuta como os inovadores, o que os leva a buscar soluções para seus problemas, em vez de apenas buscar algo de tecnologia. Por exemplo, um inovador pode comprar um código de *software* primário(sem manuais, etc.) e fazer uso eficaz dele devido a seu conhecimento técnico. Entretanto, a maioria dos consumidores necessita de todo o pacote que vem com o *software* – manual, ajuda técnica no caso de problemas, etc. Como resultado, você terá de preparar uma solução para os problemas do cliente para fazer a transição com êxito para a maior parte do mercado.

Você provavelmente não terá os recursos para fornecer soluções globais prontas para os problemas de clientes em todos os segmentos do mercado simultaneamente. Conseqüentemente, terá de se concentrar em um único nicho do mercado quando faz a transição para vender para a maioria do mercado, a fim de que seus recursos não sejam pulverizados em muitas atividades.[8]

Escolher o cliente certo

A idéia de que você precisa se concentrar em um único nicho de mercado de cada vez, quando fizer a transição para servir a maioria do mercado, sugere a pergunta: qual segmento deve ser focado primeiro? A resposta está em descobrir quais clientes têm a maior necessidade de seu novo produto ou serviço. Você deve mirar em segmentos de mercado que têm a maior necessidade quando você fizer a transição, porque a habilidade de demonstrar o valor do novo produto ou serviço para o cliente será maior para o segmento do mercado que tiver a maior necessidade.[9]

Esse é um ponto importante porque muitos empreendedores cometem o erro de mirar no mercado em geral, tentando construir um amplo interesse, em vez de focar nos clientes com a maior necessidade de compra. Tome, por exemplo, uma empresa com um novo sistema de caldeira doméstica. Essa empresa se dará muito melhor se focalizar nas pessoas que estão construindo uma nova casa do que se mirar nos proprietários de casa em geral. Embora alguns proprietários possam precisar de novas caldeiras, focalizar esforços neles não é muito eficaz. Apenas um pequeno percentual destes proprietários tem uma necessidade de compra. É muito mais eficaz para o empreendedor focar nas pessoas que estão construindo uma nova casa, onde todas elas têm a necessidade de comprar uma caldeira.

Quando a necessidade do cliente por um novo produto ou serviço é grande? Geralmente, se o novo produto ou serviço melhora a produtividade do cliente, diminui seus custos, ou lhe permite fazer algo que ele de outra forma não poderia fazer.[10] Por exemplo, uma empresa de táxis pode ter uma necessidade grande de um sistema computadorizado para monitorar a localização dos veículos, porque esse sistema permitiria ao pessoal da central enviar o táxi mais próximo ao cliente e aumentar o número de corridas realizadas.

Embora escolher os clientes com base em quem tem uma razão irresistível para comprar pareça ser algo imediato, o processo na verdade é bastante difícil. Uma parte dessa dificuldade reside no fato de que coletar informações dos clientes existentes – os inovadores – freqüentemente não o ajuda para saber o que é necessário para satisfazer a maioria do mercado. Essas informações freqüentemente enganam o empreendedor. Como você precisa fazer as coisas de maneira diferente quando está fazendo a transição para a maioria, os clientes existentes não são uma boa fonte de informações. Esses clientes têm necessidades e preferências diferentes da tendência principal do mercado.[11]

Outra parte dessa dificuldade está no fato de que você precisa estimar o valor que vem de seu novo produto ou serviço para atrair a maioria. Como foi dito anteriormente, a maioria do mercado tende a fazer sua decisão de adoção com base no valor, e não no desejo de possuir coisas novas. Conseqüentemente, esses clientes exigem evidências sobre o valor dos novos produtos e serviços, antes de tomarem suas decisões de compra.

Algumas vezes é fácil demonstrar o valor de novos produtos e serviços porque esse valor pode ser facilmente mensurado. Por exemplo, o valor de um novo produto que aumenta a velocidade da linha de montagem do cliente em 25% pode ser medido simplesmente comparando a velocidade da linha de montagem com e sem o novo produto. Na maior parte do tempo, entretanto, o valor de um novo produto ou serviço é difícil de medir. Por exemplo, um novo produto ou serviço pode ajudar uma empresa a evitar a perda de funcionários valiosos ou pode melhorar as relações de trabalho. Esse valor é difícil de medir de forma quantitativa. Conseqüentemente, será difícil persuadir a maioria dos clientes de que seu produto ou serviço merece ser adotado. Contudo, você precisa quantificar o valor dessas coisas, se você espera fazer a transição para a maioria do mercado.

> **PARE! NÃO FAÇA ISSO!**
>
> 1. Não tente fazer a transição para a maioria do mercado sem mudar a maneira de vender seu novo produto ou serviço.
> 2. Não esqueça de focar nos clientes com a necessidade mais irresistível de compra seu produto ou serviço quando você fizer a transição para a tendência principal do mercado.

ENTENDER A DINÂMICA DO MERCADO

Outro aspecto importante para ter sucesso ao lançar novos produtos ou serviços reside em entender a dinâmica do mercado. Os empreendedores de sucesso em tecnologia reconhecem o dinamismo dos mercados e entendem os padrões evolucionários de crescimento e desenvolvimento de produtos e serviços nesses mercados. Portanto, eles usam estratégias dinâmicas para lançar seus novos produtos ou serviços. Esta seção introduz alguns dos princípios-chave da dinâmica de mercado que os empreendedores de sucesso exploram em seu benefício.

Os mercados para todos os novos produtos e serviços inicialmente são pequenos. Além disso, um dia antes de um mercado ser criado, seu tamanho é zero. Como todos os mercados de novos produtos e serviços iniciam do zero e crescem a partir daí, estimar o tamanho do mercado para um novo produto ou serviço não é fácil. Exige que você se dedique a algumas atividades-chave. Você deve evitar a armadilha de fazer estimativas estáticas dos mercados. Assim, você precisa entender os fatores que influenciam a difusão e as substituições de novos produtos e serviços.

A armadilha das estimativas estáticas

Os empreendedores que não têm êxito freqüentemente caem na armadilha de tentar estimar o tamanho de um mercado para um novo produto ou serviço, pensando sobre o problema em termos estáticos. O típico empreendedor que não tem êxito segue um processo mais ou menos assim: ele vai à Internet ou à biblioteca e obtém algumas informações demográficas sobre o tamanho de um mercado. Se o mercado que o empreendedor está analisando ainda não existe, ele escolhe o mercado mais próximo dos que existem e usa o tamanho deste para estimar o tamanho do mercado-alvo. Por exemplo, vamos analisar um empreendedor que tenha desenvolvido um novo dispositivo de comunicações chamado *e-mail*. Quando o empreendedor lança o primeiro sistema de comunicações por *e-mail*, ninguém tem uma maneira de enviar mensagens de um computador para o outro. Assim o empreendedor estima o tamanho do mercado verificando quantas ligações telefônicas as pessoas fazem por dia. Então ele estima a proporção de ligações telefônicas que a nova tecnologia – *e-mail* – irá substituir, e pronto, ele tem uma estimativa do tamanho do mercado.

O que há de errado com essa abordagem para estimar o tamanho do mercado? Basicamente duas coisas. Avaliações estáticas do mercado não lhe dizem como os mercados mudam ao longo do tempo. Entretanto, o tempo certo do crescimento de um mercado para um novo produto ou serviço importa muito. Pense apenas na diferença de taxa de crescimento de vendas de uma nova empresa se o *e-mail* se torna um mercado de um bilhão de dólares em cinco anos, e não em 150 anos. Por não medir o tamanho do mercado dinamicamente, você perderia grande parte dele. Não é somente o tamanho final do mercado que interessa, mas também quão rapidamente ele chegará lá. Além disso, a taxa de crescimento ao longo do tempo não é linear. Há um ponto de aceleração que vem da transição dos primeiros adotantes para a tendência principal do mercado. Portanto, deixar de examinar dinamicamente o crescimento do mercado torna difícil incorporar os efeitos de sincronismo nos padrões de crescimento de mercado.

Finalmente, usar as informações sobre tamanho de um mercado existente para outro produto ou serviço, com o objetivo de gerar uma estimativa, exige que você preveja a substituição de um produto anterior por um novo. Por exemplo, para usar informações sobre o mercado de telefonia estimar o mercado de *e-mails*, você tem de assumir que o objetivo do *e-mail* é *substituir* o telefone, fazendo do *e-mail* um substituto para aquele produto, em vez de um substituto do correio normal, fax, conversação face a face, ou de outras formas. Se o verdadeiro objetivo do *e-mail* é substituir outros produtos, então uma estimativa baseada no tamanho do mercado para ligações telefônicas não será muito precisa.

Como sabemos, o *e-mail* não só substitui o telefone, mas também as conversas face a face, cartas e mensagens de fax. Além disso, é um complemento para a comunicação por telefone em muitos casos, uma vez que as pessoas freqüentemente enviam mensagens para esclarecer ligações telefônicas e vice-versa. Conseqüentemente, ao assumir que o *e-mail* substitui o telefone na avaliação do tamanho do mercado, você provavelmente irá obter um número que não tem nada a ver com o tamanho do real mercado para a comunicação por *e-mail*.

Além disso, em muitos casos, como no exemplo que acabamos de discutir, as estimativas se baseiam na premissa de que o produto novo irá substituir o velho, e não complementá-lo. Se os produtos acabarem se complementando, então a informação sobre o tamanho do mercado para o produto anterior não é muito útil como um fator isolado no cálculo da demanda pelo novo produto. Para descobrir isso, você também precisaria saber qual era a relação entre a demanda pelo produto anterior e a demanda pelo novo. Essa relação, juntamente com a informação sobre o tamanho do mercado para o produto velho, é necessária para descobrir a demanda pelo novo produto.

Padrões de difusão e de substituição

O que você deve fazer para estimar o tamanho do mercado se as abordagens estáticas padrão que a maioria das pessoas usa não funcionam? A resposta está em olhar os padrões de adoção e de difusão. A difusão é a taxa pela qual um produto ou serviço de uma nova tecnologia é adotado pelos potenciais usuários.[12] Para estimar corretamente o tamanho do mercado, você precisa estimar quão rapidamente um produto ou serviço de uma nova tecnologia irá se difundir. Se você puder estimar esses padrões de difusão de forma precisa, então pode usá-los para criar um quadro preciso do tamanho do mercado em diferentes pontos no tempo.

Um passo inicial nesse processo é voltar à distribuição normal que é a base da adoção da maioria dos produtos e serviços. Os empreendedores de sucesso sabem que, se a maioria dos adotantes de novos produtos estão distribuídos normalmente, então o crescimento de mercados para a maioria dos novos produtos e serviços não é linear, mas é em forma de S (veja a Figura 5.3).[13] Por quê? No início, quando apenas um pequeno número de inovadores compra produtos e serviços de nova tecnologia a taxa de difusão é lenta. Entretanto, quando os fornecedores desses novos produtos e serviços conseguem vender para a tendência principal do mercado, a taxa de difusão acelera. Depois que a maioria do mercado está satisfeita, a taxa de difusão diminui porque o número de retardatários em um mercado normalmente distribuído é menor do que o número relativo a maioria dos clientes.

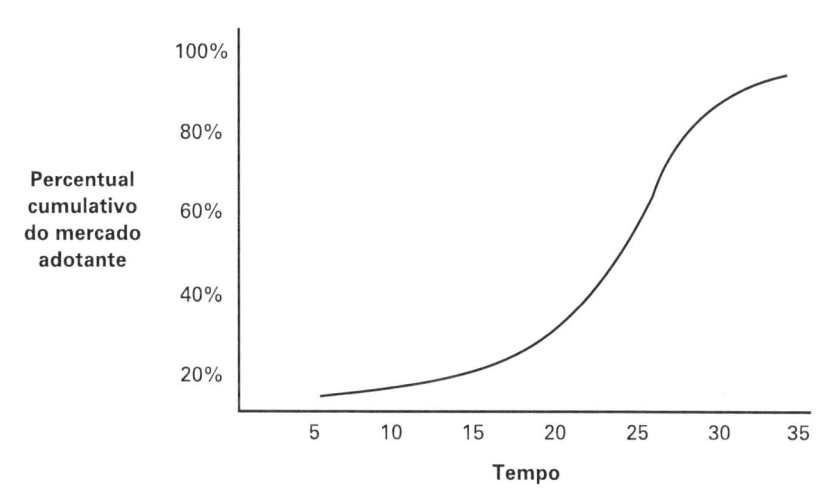

FIGURA 5.3 A curva em S da difusão.

Entretanto, nem toda difusão ocorre em forma de S, pois uma variedade de fatores influencia a taxa de difusão. Portanto, você precisa entender os fatores que influenciam a difusão e considerar o impacto que eles têm sobre a difusão do produto ou serviço que você está lançando. A natureza do novo produto ou serviço tem um efeito sobre a difusão. Por exemplo, novos produtos ou serviços que se baseiam em tecnologias discretas – aquelas que não dependem do desenvolvimento de tecnologias complementares – se difundem mais rapidamente do que tecnologias sistêmicas porque a taxa de difusão destas é igual a taxa de difusão de seu componente mais lento. Tome, por exemplo, os problemas que desenvolvedores de células de combustível têm. As células de combustível geralmente usam hidrogênio. Conseqüentemente, a difusão dos veículos a células de combustível dependem da taxa de difusão dos postos de combustíveis para entregar o hidrogênio ou outras entradas para as células de combustíveis. Essa é uma das razões pelas quais os fabricantes de automóveis estão trabalhando com as empresas de petróleo para conseguir que elas usem os postos de combustíveis como distribuidores para fornecer as entradas necessárias para as células de combustíveis.

Além disso, os produtos ou serviços baseados em tecnologias mais caras são mais lentamente difundidos do que os produtos ou serviços baseados em tecnologias mais baratas porque as pessoas demoram mais para adotar coisas que custem mais dinheiro. Além disso, os produtos e serviços que oferecem maior vantagem aos usuários se difundem mais rapidamente do que aqueles que oferecem menor vantagem, porque a motivação das pessoas para adotar novos produtos e serviços aumenta com o nível de vantagem que eles fornecem. Finalmente, os novos produtos e serviços baseados em tecnologias mais fáceis de entender se difundem mais rapidamente do que aqueles que se baseiam em tecnologias cuja compreensão é mais difícil, porque as pessoas precisam entender o valor dos novos produtos e serviços para adotá-los.[14]

As características do mercado-alvo também são importantes. Pessoas e organizações mais ricas adotam a tecnologia mais prontamente porque a riqueza fornece uma reserva que facilita a adoção. Da mesma forma, os grupos mais diversificados financeiramente têm probabilidade maior de adoção rápida porque a diversificação reduz o risco de adotar novos produtos ou serviços.[15]

Entretanto, a riqueza não é o único atributo que influencia a disposição para adotar novos produtos e serviços. Certas características psicológicas entre os potenciais adotantes, tais como a tolerância à incerteza, aumentam a velocidade da difusão porque tornam as pessoas mais abertas para a idéia de um novo produto ou serviço. As características da estrutura social também influenciam a difusão. A adoção de novos produtos e serviços ocorre mais rapidamente em mercados-alvo com maior interconexão de potenciais adotantes porque esses mercados têm maiores níveis de comunicação entre adotantes e potenciais adotantes, o que facilita a transferência de informações para que os potenciais clientes tomem a decisão de adoção.[16]

O ambiente externo no qual a decisão de adoção está sendo feita afeta a taxa de difusão de novos produtos e serviços. Por exemplo, os novos produtos e serviços se difundem mais rapidamente quando as taxas de juros estão baixas do que quando elas estão altas, pois o custo de, então, obter o novo produto ou serviço é mais baixo. Além disso, esse efeito é maior quanto mais caro o novo produto ou serviço for, porque o uso de financiamento para obter novos produtos e serviços aumenta com o seu custo.

Os fatores políticos e regulamentares também influenciam a taxa de difusão da tecnologia. Por exemplo, quando um grupo político importante se opõe à adoção de um novo produto ou serviço, a difusão é mais lenta. Igualmente, quando os requisitos regulamentares para a adoção de um novo produto ou serviço são altos, a adoção tende a ocorrer muito mais lentamente.

Em alguns casos, a difusão da tecnologia é barrada por algum evento ou obstáculo. Freqüentemente, esses eventos ou obstáculos são políticos ou então regulamentares. Por exemplo, a energia nuclear estava seguindo um padrão de adoção em forma de S como fonte de geração de energia nos Estados Unidos, até o desastre de Three Mile Island. Esse evento truncou a difusão da energia nuclear e barrou qualquer adoção adicional.[17]

A difusão de novos produtos e serviços é afetada pela substituição. A substituição está relacionada ao uso de um produto ou serviço de tecnologia em lugar de outro para atingir o mesmo objetivo.[18] Embora algumas pessoas argumentem que todos os novos produtos e serviços são substitutos para algum produto ou serviço existente, essa substituição é mais direta em alguns casos do que em outros. Por exemplo, o cabo de fibra ótica é um substituto do cabo coaxial porque as empresas de telecomunicações usam os cabos de fibra ótica nos mesmos lugares que eles usam o cabo coaxial.

Essa relação matemática subjacente à substituição significa que a difusão do novo produto ou serviço faz com que as vendas do produto ou serviço anterior diminuam. Analise, por exemplo, a relação entre as máquinas fotográficas tradicionais e as digitais. Desde meados dos anos 90 as vendas das máquinas digitais aumentaram de menos de um milhão de unidades por ano para quase 10 milhões de unidades por ano. Como a máquina digital é um substituto direto da máquina tradicional, as vendas das máquinas tradicionais diminuíram em uma quantidade comparável ao crescimento das vendas de máquinas digitais.

Quando empresas consolidadas possuem grandes investimentos em uma tecnologia mais antiga, a substituição é muito problemática. Tome, por exemplo, a tecnologia do protocolo de voz na Internet. Essa tecnologia permite que as pessoas usem a Internet para fazer ligações telefônicas, tornando-a um substituto das tecnologias de circuitos de chaveamento tradicionais. Na indústria das telecomunicações, esse tipo de substituição é uma grande ameaça para as empresas existentes porque a substituição tecnológica pode tornar obsoletos grandes investimentos feitos em tecnologias de circuitos de chaveamento.

Como a substituição torna obsoletos os investimentos das empresas consolidadas, essa é uma parte muito importante da estratégia que os empreendedores de sucesso em tecnologia usam para concorrer com as empresas estabelecidas. Essa estratégia é especialmente valiosa em indústrias que têm uma economia de escala significativa. Por quê? À medida que a nova tecnologia substitui a velha, os negócios que produzem os produtos e serviços baseados na tecnologia anterior sofrem aumentos em seus custos porque a substituição prejudica suas economias de escala. Freqüentemente, a perda de vantagens de economias de escala aumenta a estrutura de custo das empresas consolidadas o suficiente para permitir que novas empresas desenvolvam uma vantagem competitiva sobre as empresas consolidadas.

Naturalmente, tornar a substituição uma parte eficaz da estratégia de sua nova empresa é mais difícil do que parece. Uma das razões é que o ritmo da substituição é importante e varia muito com o produto. Por exemplo, a borracha sintética demorou 58 anos para levar a borracha natural para apenas 10% do mercado, mas o detergente demorou apenas nove anos para levar o sabão para apenas 10% da participação de mercado.[19] Conseqüentemente, na questão do detergente, os empreendedores que estavam lançando os produtos baseados na nova tecnologia foram capazes de fazer uso estratégico da rápida deterioração da estrutura de custo das empresas consolidadas, o que não foi conseguido pelos empreendedores que lançaram os produtos baseados em borracha sintética.

Estimar o tempo de substituição de um novo produto ou serviço também é uma habilidade importante. Como empreendedor em tecnologia, você precisa que seu novo produto ou serviço seja adotado antes que fique sem dinheiro. Essa necessidade cria um ato de equilíbrio entre criar suprimento o suficiente para atender à demanda e evitar a entrada de concorrentes, e não produzir tanto suprimento a ponto de exaurir o caixa antes que a demanda apareça. Tome, por exemplo, um empreendedor que queira vender um novo produto ou serviço baseado em uma nova tecnologia – digamos motores elétricos, os quais irão substituir um produto baseado em uma tecnologia existente – motores de combustão interna. As vendas do empreendedor dependem da substituição da velha tecnologia pela nova. Se o empreendedor apostar que a substituição dos veículos a gasolina pelos elétricos será lenta, ele pode não ser capaz de atender à demanda pelo novo produto ou serviço se essa substituição ocorrer mais rapidamente do que ele previu. Por outro lado, se o empreendedor apostar que a substituição será rápida, ele pode ficar sem dinheiro antes que a nova tecnologia comece a substituir a velha em maior volume.

Outro conceito importante a considerar é o de substituição multiníveis, isto é, a substituição de um produto baseado em uma tecnologia por outro produto baseado em uma segunda tecnologia, o qual, por sua vez, enfrenta a substituição por um terceiro produto baseado em uma terceira tecnologia. A produção de aço tem um exemplo de substituição multinível. O processo de produção de aço Siemens-Martin forneceu uma substituição direta para o processo Bessemer e o processo de produção de aço por oxigênio básico substituiu tanto o processo Siemens-Martin como o processo elétrico.[20] Embora entender a substituição direta seja simples – o novo produto ganha às custas do produto anterior –, entender a substituição multiníveis é muito menos imediato. O novo produto pode não substituir totalmente o velho ou pode substituir o velho, mas pode ele mesmo ser completamente substituído por um terceiro produto antes que os efeitos da substituição possam ser vistos.

Um último conceito que você precisa considerar para entender a substituição é que os fornecedores dos produtos e serviços existentes que se baseiam em uma tecnologia anterior freqüentemente tomam atitudes, políticas e de outra ordem, para proteger sua posição e impedir a mudança. Conseqüentemente, os produtos baseados na nova tecnologia nem sempre se difundem no seu ritmo natural, se é que se difundem. Por exemplo, os fabricantes de pára-brisas de vidro podem fazer algo para evitar que as seguradoras de automóveis autorizem consertos em carros com pára-brisas de plástico, como uma forma de intimidar a substituição. Como as seguradoras de automóveis pagam por muitos dos consertos dos automóveis danificados em colisões, esse tipo de ação pode evitar que a substituição aconteça.

PARE! NÃO FAÇA ISSO!

1. Não espere uma taxa de adoção linear de seu produto ou serviço; ela provavelmente será em forma de S.
2. Não use estimativas estáticas para avaliar o tamanho do mercado para seu novo produto ou serviço.
3. Não ignore os fatores que influenciam a difusão e a substituição ao calcular o crescimento do mercado para seu novo produto ou serviço.

PERGUNTAS PARA FAZER A SI MESMO

1. Que padrão de adoção eu espero que meu produto ou serviço siga?
2. Por que os inovadores irão comprar meu produto ou serviço?
3. Por que a maioria do mercado irá comprar meu produto ou serviço?
4. Por que os consumidores têm uma razão irresistível para comprar?
5. Qual será o tamanho do mercado no qual estou planejando entrar?
6. O que irá influenciar a rapidez com que meu produto ou serviço irá se difundir?
7. Que produtos e serviços meu produto ou serviço irá substituir?

RESUMO

Este capítulo se concentra em explicar a adoção, pelo cliente, de novos produtos e serviços. A primeira seção explicou que os adotantes de novos produtos e serviços são tipicamente distribuídos em uma curva normal porque uma pequena proporção de adotantes toma a decisão de adoção bem no início, e uma pequena proporção de adotantes toma a decisão de adoção tardiamente, enquanto que a maioria dos adotantes toma a decisão de adoção no meio do processo. Importantes implicações para os empreendedores surgem desse padrão. Diferentes adotantes têm preferências diferentes, e essas preferências influenciam o que você, como empreendedor em tecnologia, deve fazer a fim de que os consumidores adotem seu novo produto ou serviço. Além disso, a proporção do mercado que adota o produto ou serviço em qualquer ponto no tempo não é linear. Pelo contrário, ela é em forma de S, inicialmente começando pequena, acelerando, e então declinando.

A seguir, buscou-se descrever como os empreendedores fazem a transição de inovadores para a maioria do mercado. Essa transição é importante porque a maioria dos empreendedores precisa de uma ampla adoção de seus produtos e serviços para obter retornos suficientes para sobreviver ao longo do tempo, mas a maioria do empreendedores é incapaz de fazer essa transição. Para fazer a transição com êxito, você, como empreendedor em tecnologia, deve adaptar seu produto ou serviço às diferentes demandas da maioria dos consumidores, fornecer evidências do valor do novo produto ou serviço e oferecer um pacote completo que resolva os problemas do cliente.

Você também precisa escolher os consumidores certos, a fim de realizar a transição para a maioria do mercado. Esse foco é necessário devido aos recursos limitados das novas empresas. O conjunto certo de consumidores será aquele para o qual o novo produto ou serviço irá aumentar a produtividade, diminuir os custos, ou fornecer a capacidade de fazer algo que eles de outra forma não poderiam fazer.

A seção final deste capítulo focou em explicar a dinâmica do mercado. A observação de que os mercados são dinâmicos significa que estimativas estáticas de mercados não são muito úteis para os empreendedores. Também significa que entender os padrões de difusão e substituição é crucial para o seu sucesso. São importantes para um empreendedor ser bem-sucedido as características dos consumidores, as características do produto ou serviço, o tipo de substituição e o tempo certo do processo, todos influenciando os padrões de difusão e substituição.

Agora que você entende a regra número cinco do empreendedorismo em tecnologia, entender a adoção do cliente, vamos para a regra número seis, explorar as fraquezas das empresas consolidadas, assunto do próximo capítulo.

NOTAS

1. E. Rogers, *Diffusion of Innovations* (New York: Free Press, 1983).
2. G. Moore, *Crossing the Chasm* (New York: Harper Collins, 1991).

3. E. Rogers, *Diffusion of Innovations*. op. cit.
4. G. Moore, *Crossing the Chasm*. op. cit.
5. Ibid.
6. Ibid.
7. Ibid.
8. Ibid.
9. Ibid.
10. Ibid.
11. Ibid.
12. L. Girfalco, *Dynamics of Technological Change* (New York: Van Nostrand, 1991).
13. Ibid.
14. Rogers, *Diffusion of Innovations*. op. cit.
15. Ibid.
16. Ibid.
17. Girfalco, *Dynamics of Technological Change*. op. cit.
18. Rogers, *Diffusion of Innovations*. op. cit.
19. Girfalco, *Dynamics of Technological Change*. op. cit.
20. Ibid.

6
Explorar as fraquezas das empresas consolidadas

Infelizmente para a maioria dos empreendedores, os gerentes das empresas consolidadas freqüentemente buscam as mesmas oportunidades de negócios que eles. Assim, o empreendedor de sucesso não somente precisa identificar uma oportunidade de negócios valiosa, mas também precisa vencer a concorrência das empresas consolidadas. Na prática, isso é muito difícil. Embora a maioria dos empreendedores não goste de admiti-lo, a maioria das empresas consolidadas faz um bom trabalho. Os gerentes dessas empresas identificaram necessidades reais dos consumidores, vieram com soluções valiosas para atender a essas necessidades e desenvolveram vantagens competitivas significativas. Conseqüentemente, na maior parte do tempo, as empresas consolidadas estão em vantagem quando os empreendedores tentam concorrer com eles.

Então, o que fazer? A resposta é: você deve focar nas fraquezas das empresas consolidadas. Este capítulo explica por que é importante identificar as aberturas da armadura das empresas estabelecidas, demonstrando porque as empresas consolidadas quase sempre têm sucesso quando novas empresas tentam concorrer com elas sem fazer essa identificação.

Dessa forma, o objetivo deste capítulo é identificar as fraquezas específicas das empresas consolidadas e explicar como explorá-las.

POR QUE, NA MAIOR PARTE DO TEMPO, AS EMPRESAS CONSOLIDADAS VENCEM

As empresas consolidadas geralmente exploram melhor as oportunidades de negócios do que as empresas novas por razões relacionadas com as vantagens que as empresas desenvolvem ao longo do tempo: a curva de aprendizado, os efeitos da reputação, o fluxo de caixa positivo, as economias de escala e os ativos complementares na manufatura, *marketing* e distribuição. Vamos ver por que esses elementos colocam as novas empresas em desvantagem em termos de concorrência.

A curva de aprendizado

A maioria das atividades às quais as empresas se dedica envolve algum tipo de aprendizado pela prática. As pessoas podem aprender algumas coisas observando outras pessoas ou lendo sobre o que outros fizeram, mas a maioria dos aspectos de aprendizado em negócios está relacionada ao aprender fazendo. As empresas aprendem ter uma manufatura mais eficiente, divulgar mais eficazmente, administrar melhor as pessoas, e muitas outras coisas por dedicar-se a essas atividades. O efeito desse aprendizado significa que quanto mais vezes as empresas se dedicarem a uma atividade – vendas, manufatura, desenvolvimento de produto, etc. – melhores elas se tornam nessa atividade. Essa tendência de aprender significa que a maioria das atividades de negócios tem uma curva de aprendizado, que é uma representação gráfica da relação entre o número de vezes que algo foi feito e o desempenho dessa atividade. Tome a fabricação de produtos como exemplo. Quanto mais unidades de um produto uma empresa produzir, mais eficiente ela se torna na produção.

Por que essa curva de aprendizado é importante para o empreendedor em tecnologia? Você provavelmente não irá iniciar no mesmo ponto da curva de aprendizado que uma empresa consolidada com a qual está concorrendo. A empresa consolidada, por meio de operações passadas, moveu-se na curva de aprendizado para um ponto mais alto. Conseqüentemente, como mostra a Figura 6.1, as novas firmas geralmente são piores que as firmas consolidadas em atividades-chave, tais como manufatura e *marketing*, quando iniciam, e isso torna difícil a concorrência.

Efeitos da reputação

Outra vantagem que as empresas consolidadas têm sobre as empresas novas é a reputação. Vender produtos e serviços para consumidores depende da reputação do vendedor. Os consumidores preferem comprar de empresas com as quais já tiveram uma transação bem-sucedida que alguém que eles conheçam bem, tal como um amigo ou familiar, tenha tido uma transação exitosa.[1] A reputação obtida com as interações bem-sucedidas faz com que os consumidores retornem a esses vendedores. Isso, naturalmente, é o que dá às empresas consolidadas uma vantagem sobre as empresas novas. As empresas consolidadas têm uma reputação em função de transações bem-sucedidas no passado, enquanto que as novas empresas não têm este histórico. Conseqüentemente, as novas empresas

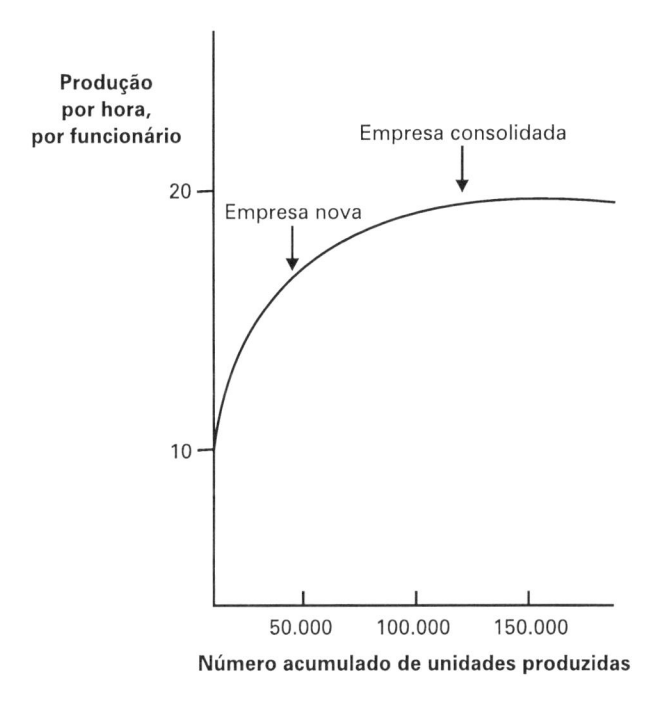

FIGURA 6.1 Um exemplo do efeito da curva de aprendizado sobre as taxas de produção.

têm mais dificuldades para atrair clientes do que as empresas consolidadas, e isso aumenta a dificuldade de concorrência.

Fluxo de caixa

Os negócios consolidados, se bem-sucedidos, desenvolvem um fluxo de caixa positivo. Este fluxo permite que os executivos invistam no desenvolvimento de novos produtos e serviços sem ter de buscar dinheiro dos investidores, porque podem usar fundos gerados internamente. As novas empresas, as quais ainda não fizeram nenhuma venda, não podem ter fluxo de caixa positivo, e assim têm de obter o capital para desenvolver novos produtos e serviços dos mercados de capital, seja por emitir ações seja por tomar empréstimos. Como os investidores externos têm menos informações a respeito do desenvolvimento de novos produtos ou serviços do que os empreendedores, ou do que os próprios executivos, eles cobram um ágio para financiar o desenvolvimento de um novo produto, relativo ao custo de usar o fluxo de caixa interno. Portanto, as novas empresas enfrentam uma desvantagem de custo para desenvolver novos produtos e serviços em relação às empresas consolidadas. Essa desvantagem de custo financeiro atrapalha as novas empresas quando elas concorrem com as empresas consolidadas.

Economias de escala

As empresas consolidadas têm a vantagem das economias de escala, que as ajuda a produzir e vender novos produtos e serviços a um custo menor do que as novas empresas. Sempre que a produção de um produto ou serviço tiver um alto custo fixo para a criação da primeira unidade e um custo marginal relativamente baixo para produzir unidades adicionais, o custo marginal de produzir cada unidade adicional será mais baixo do que o custo médio de produzir todas elas. Tome, como exemplo, a produção de um CD de música. O custo de produzir o primeiro CD é muito alto porque você precisa de um autor que escreva as músicas, de um artista que as grave e de montar a infra-estrutura para produzir as cópias. Entretanto, uma vez que tudo isso tenha sido feito, custa apenas poucos centavos para fazer cada cópia adicional do CD – o custo de gravar o disco, embalá-lo e enviá-lo. Conseqüentemente, o custo médio por unidade de produzir 1.000 CDs é muito mais alto do que o custo médio de se produzir 10.000.

O que isso tem a ver com seus esforços para criar uma empresa de nova tecnologia e concorrer com as empresas consolidadas? Na verdade, tem forte relação. As novas empresas não conseguem atingir imediatamente o nível de produção das empresas consolidadas com as quais elas concorrem logo após entrar no mercado. O risco de tal ação freqüentemente é alto demais para permitir que elas atraiam financiamento, e os desafios administrativos de conseguir fazer com que uma grande operação saia do chão são extremamente grandes. A maioria das empresas novas inicia menor do que suas concorrentes consolidadas, o que as coloca em uma desvantagem de custos. Além disso, mesmo se as novas empresas pudessem iniciar imediatamente com produção em larga escala, elas ainda teriam de pagar os custos fixos de iniciar. Como as empresas consolidadas já pagaram pelos custos fixos e estão operando em um volume mais alto, seu custo de produzir unidades adicionais é muito menor do que o da empresa nova. O resultado final é que a empresa nova não consegue competir em custos com a empresa consolidada.

Ativos complementares

As empresas consolidadas têm uma vantagem sobre as empresas novas porque elas já controlam os ativos complementares necessários para explorar um novo produto ou serviço. Os ativos complementares são quaisquer ativos que precisem ser usados juntamente com um novo produto ou serviço inovador.[2] Por exemplo, suponha que você desenvolveu um novo remédio que cura o câncer.

O novo remédio é um produto inovador que atende a uma necessidade do consumidor. Entretanto, para vender esse produto aos consumidores você precisaria de um ativo complementar – uma força de vendas farmacêutica. Por quê? Porque os remédios são vendidos, por meio de representantes farmacêuticos, para médicos, que então receitam os remédios, de modo que as pessoas possam adquiri-los.

Uma empresa consolidada como a Merck já tem uma força de vendas farmacêutica. Portanto, ela pode entregar o novo remédio de forma mais rápida e eficaz do que uma empresa nova, que primeiro teria de estabelecer uma força de vendas para explorar o novo produto ou serviço. Além disso, pode não ser possível contratar empresas farmacêuticas para criar uma força de vendas, porque as empresas farmacêuticas não têm incentivo para aliar-se ao empreendedor, que será um concorrente. E pode não haver empresas que sirvam como representantes independentes na indústria farmacêutica. Conseqüentemente, a nova empresa pode ter de começar uma força de vendas do zero, um esforço caro e difícil.

Esse esforço não só seria demorado e atrasaria a capacidade da nova empresa de concorrer com as empresas estabelecidas, como também pode se mostrar muito caro. As economias de escopo existem em muitos negócios. Por exemplo, os representantes farmacêuticos vendem muitos remédios diferentes quando visitam os médicos. Uma nova empresa que entra nesse mercado com um novo remédio não seria capaz de vender tantos remédios ao cliente como seus concorrentes de empresas consolidadas. Conseqüentemente, ela teria um custo de vendas muito mais alto do que as empresas consolidadas, que têm economias de escopo e podem vender diversos remédios ao mesmo tempo. Essa estrutura de custos mais elevada pode tornar a nova empresa não-competitiva.

FRAQUEZAS DAS EMPRESAS CONSOLIDADAS QUE AS NOVAS EMPRESAS PODEM EXPLORAR

O que você deveria fazer para concorrer com as empresas consolidadas? A resposta é que os empreendedores bem-sucedidos compensam as vantagens das empresas consolidadas, explorando suas fraquezas.

Até mesmo as melhores empresas têm um calcanhar de Aquiles pelo fato de estarem consolidadas. Coisas como buscar eficiência, explorar capacidades existentes, ouvir os clientes, explorar uma estrutura organizacional existente e recompensar as pessoas por fazerem seu trabalho são vantagens para as empresas consolidadas em muitos cenários, mas torna difícil a concorrência com os empreendedores na exploração de muitas oportunidades. Os empreendedores bem-sucedidos exploram esses pontos fracos focando em oportunidades nas quais essas questões compensam as vantagens que as empresas consolidadas possuem.

O foco na eficiência

As empresas consolidadas freqüentemente buscam mais e mais eficiência em suas operações. Por se tornarem mais eficientes, elas podem conseguir vantagens de custos sobre suas concorrentes. Por exemplo, uma empresa que consegue manufaturar um produto a 80% do custo de seus principais concorrentes pode ser capaz de vender seus produtos a preços menores que os concorrentes e roubar os clientes deles. Portanto, a eficiência é muito importante quando as empresas estão concorrendo em uma indústria.

Embora esse foco na eficiência seja base para uma vantagem competitiva das empresas consolidadas, ele também é um calcanhar de Aquiles, porque torna muito difícil para as empresas consolidadas lançarem novos produtos ou serviços. A introdução de novos produtos e serviços freqüentemente envolve alguma pesquisa e desenvolvimento. A pesquisa e desenvolvimento é uma atividade muito ineficiente, porque a mudança é incerta. Todo esforço de pesquisa e desenvolvimento malsucedido resulta em custos não-recuperados. Portanto, no esforço de conseguir eficiência, muitas empresas reduzem seus investimentos em pesquisa e desenvolvimento como forma de melhorar a eficiência de curto prazo de suas operações atuais. Por se dedicar a acabar com a ineficiência, as empresas consolidadas freqüentemente se tornam incapazes de desenvolver novos produtos e serviços, abrindo uma janela para que novas empresas explorem oportunidades.

A exploração das capacidades existentes

As empresas consolidadas, freqüentemente, são muito eficazes em explorar suas capacidades para produzir produtos ou serviços, ou para entender mercados. Mesmo porque desenvolveram essas capacidades através de anos de tentativa e erro, e essas capacidades lhes fornecem vantagens no mercado. Tais capacidades são benéficas para uma empresa consolidada quando um novo produto ou serviço é, em grande parte, uma extensão dos produtos que a empresa já produz, ou está baseada em uma tecnologia que melhora um processo existente. Sob essas circunstâncias, as novas empresas, que não possuem as mesmas capacidades, não conseguem concorrer eficazmente com as empresas consolidadas. Como as empresas consolidadas freqüentemente têm mais dinheiro, melhor publicidade, ativos de distribuição, informações sobre as preferências dos clientes e uma série de outras vantagens, elas podem lançar novos produtos e serviços incrementais que não transformam mercados, nem abrem novos, com mais sucesso do que as novas empresas. Por exemplo, a Microsoft possui grandes quantidades de dados sobre as decisões de compras de *software* anteriores de empresas, as quais ela pode usar para refinar as características de seu novo produto. Conseqüentemente, a maioria das novas empresas de *software* encontram dificuldades para concorrer com a Microsoft quando lançam produtos relacionados às ofertas de produtos dela.

Entretanto, o esforço das empresas consolidadas em explorar suas capacidades torna difícil o lançamento de produtos e serviços verdadeiramente novos, os quais possam criar uma transição no mercado entre um paradigma e o outro. Se um novo produto ou serviço for criado trazendo consigo um paradigma diferente de produção, organização ou distribuição, então as empresas consolidadas enfrentam fraquezas significativas na sua exploração.

Quando o novo produto ou serviço utiliza como base produtos ou serviços que criam uma transição no mercado, eles minam as competências existentes. Um novo produto ou serviço baseado em um novo paradigma demanda habilidades de produção diferentes daquelas necessárias para produzir um produto ou serviço existente. Por exemplo, a mudança de válvulas para circuitos integrados nos computadores destruiu as competências existentes, porque tornou obsoleto o conhecimento que as empresas haviam desenvolvido a respeito de válvulas.

Cabe salientar, a curva de aprendizado em manufatura ou em *marketing* que as empresas consolidadas têm é eliminada quando o processo de manufatura ou *marketing* da indústria for mudado para algo completamente novo. Uma vez que isso ocorra, ter feito algo anteriormente não oferece vantagem alguma para o negócio consolidado e pode, na verdade, prejudicar a capacidade da empresa consolidada de desenvolver o novo produto ou serviço. Analise, por exemplo, os problemas que muitos varejistas de livros tiveram quando a Internet permitiu a venda de livros *on-line*. As capacidades das empresas consolidadas na venda de livros foram minadas pelo novo paradigma. Os esforços dos vendedores de livros para usar sua experiência foram ineficazes, porque o conhecimento que procuravam aplicar era mais um estorvo do que uma ajuda no novo paradigma.

Outro exemplo desse processo está na descoberta de novos remédios. A patente Cohen-Boyer de engenharia genética mudou a base da invenção de remédios, hoje fundada na biologia molecular. Muitas novas empresas de biotecnologia nasceram em resposta a essa mudança tecnológica, porque as empresas farmacêuticas não possuíam biólogos moleculares em seus quadros. Nessa época, a maioria dos biólogos moleculares estava nas universidades. Conseqüentemente, os pesquisadores das universidades fundaram empresas para explorar essa nova tecnologia. As empresas farmacêuticas não tinham as habilidades necessárias para criar os novos produtos de biotecnologia que as empresas emergentes criaram.

Um produto ou serviço destruidor de competências exige que as empresas canibalizem seus rendimentos provenientes dos produtos ou serviços existentes. Essa exigência cria uma fraqueza para as empresas, relutantes em canibalizar o fluxo de receitas. As novas empresas, que não têm receitas, não enfrentam a mesma dificuldade. Por exemplo, Barnes & Noble teria de estar disposta a vender livros para muitos de seus clientes ao custo adicional de estabelecer um negócio *on-line* para estabelecer vendas de livros na Internet, enquanto que a Amazon.com não enfrentou a mesma canibalização.

Outro exemplo desse problema é o protocolo de voz pela Internet. Essa tecnologia toma a voz, converte-a para uma série de zeros e uns, e envia a informação por meio da Internet. Essa abordagem é fundamentalmente diferente do serviço telefônico tradicional, que viaja pelos circuitos de fios pertencentes às empresas telefônicas. Conseqüentemente, todo o investimento das empresas de telefonia tradicionais para colocar e manter cabos de fibra ótica e de desenvolver e manter chaveamentos têm de ser canibalizado se elas adotarem o protocolo de voz pela Internet. Isso deixa as empresas de telefonia tradicionais relutantes em adotar a tecnologia mais nova. Como as novas empresas ainda não têm cabos de fibra ótica, elas não têm a necessidade de canibalizar e estão mais dispostas a abraçar a tecnologia de voz pela Internet.

Para manter seu foco em suas atividades principais, as empresas consolidadas criam rotinas que as levam a focar em seus mercados e suas tecnologias de produção atuais. Essas rotinas são valiosas porque permitem às empresas se tornarem mais eficientes. Por focar em seu conhecimento de um determinado mercado ou de uma determinada produção ou habilidades de distribuição, as empresas consolidadas podem escolher novas oportunidades de uma forma eficiente, em vez de ter de avaliar cada oportunidade que aparece.

Entretanto, essa abordagem se torna uma fraqueza quando um novo produto ou serviço for destruidor de competências, porque o novo produto ou serviço pode demandar um foco em novos mercados ou a exploração de novas habilidades de produção, distribuição e organização. Essas rotinas freqüentemente levam as empresas dominantes em uma indústria a colocar de lado ou rejeitar o valor dos novos produtos ou serviços quando ficam sabendo de sua existência. Por exemplo, a Kodak teve muita dificuldade para fazer a transição para a tecnologia da câmera digital, dado seu foco nas capacidades-chave para a produção de filmes tradicionais. Essa fraqueza abriu uma janela de oportunidades para novas empresas, que não foram limitadas pelas capacidades existentes em filmes tradicionais, permitindo-lhes desenvolver as habilidades necessárias para concorrer nas máquinas fotográficas digitais, sem enfrentar uma imediata imitação da Kodak.

A necessidade de satisfazer os clientes existentes

Toda empresa precisa satisfazer seus clientes para sobreviver. Manter os clientes contentes é uma atividade importante de qualquer negócio, mas também cria uma fraqueza que permite que novas empresas venham a concorrer com as empresas consolidadas. Quando as empresas criam novos produtos, esses, freqüentemente, são inferiores aos produtos existentes. Por quê? É muito difícil conseguir que tudo esteja perfeito na primeira vez. Conseqüentemente, os novos produtos não são tão bons como as alternativas disponíveis. Essa inferioridade causa problemas quando as empresas solicitam aos seus clientes sua opinião. Freqüentemente, os clientes reagem negativamente pela inferioridade dos novos produtos em relação aos existentes e dizem às empresas consolidadas para focarem em melhorias incrementais em seus produtos atuais.[3]

É aí que entra a oportunidade para as novas empresas. Geralmente, há outro segmento do mercado que acharia o novo produto útil porque esse segmento não é eficazmente servido pelo produto atual. As novas empresas freqüentemente atingem esse novo segmento com o novo produto ou serviço, em grande parte porque as empresas consolidadas têm grande dificuldade para fazê-lo. Como foi mencionado anteriormente, quando as empresas consolidadas desenvolvem novos produtos, elas freqüentemente indagam seus clientes a respeito do que eles pensam sobre esses produtos. Infelizmente para elas, seus clientes atuais não são um grupo útil para fornecer informações sobre as necessidades dos segmentos de mercado não-atendidos. Quase todos os clientes são míopes e não conseguem dizer aos fabricantes sobre suas necessidades futuras ou as necessidades de outros segmentos de mercado. Portanto, as empresas consolidadas freqüentemente decidem que não há mercado para novos produtos e não vão atrás deles. Essa abordagem cria uma oportunidade para as novas empresas entrarem no mercado e servirem os segmentos insatisfeitos.

As novas empresas, não sendo limitadas pela visão dos clientes existentes, podem ir atrás do segmento de mercado não-satisfeito. Em vez de falar com os principais clientes das empresas consolidadas que não estão interessados no novo produto, elas focam nos usuários de ponta nos segmentos do mercado não-atendidos. Os usuários de dianteira interagem com eles e ajudam os fundadores dos novos empreendimentos a descobrir o que os faria adotar o novo produto.[4]

Um exemplo desse processo é, mais uma vez, o serviço telefônico de voz pela Internet. A maioria das grandes empresas consolidadas que são clientes das empresas telefônicas tradicionais reluta em adotar essa nova tecnologia porque ela não fornece muitos dos serviços que o serviço telefônico tradicional oferece. Entretanto, alguns segmentos do mercado descobriram que as empresas telefônicas tradicionais também não consegue fornecer os serviços de que eles precisam – por exemplo, a capacidade de deixar o mesmo correio de voz múltiplas vezes, sem repeti-lo – e vêem o protocolo de voz pela Internet como solução para seus problemas.[5] Essas empresas tornaram-se os primeiros clientes de novas empresas com tecnologia telefônica de voz pela Internet.

Uma vez que a nova empresa entre no mercado sem reação das empresas consolidadas, ela pode expandir-se para outros segmentos do mercado.[6] Com o tempo, a nova empresa vai melhorando a tecnologia na qual baseia o seu produto. Essa melhoria torna o produto útil para um mercado maior, permitindo que a nova empresa cresça e tire clientes da empresa consolidada, que inicialmente se acomodou com sua entrada. Por exemplo, no começo as principais siderúrgicas de aço integradas permitiram que as minissiderúrgicas entrassem, porque consideravam-nas incapazes de atender a seus principais clientes. Os principais consumidores viam na tecnologia de minissiderúrgicas uma qualidade superficial baixa demais. Entretanto, com o tempo, as minissiderúrgicas foram sistematicamente melhorando a qualidade, e foram capazes de entrar na base de clientes dos produtores de aço integrados.

As limitações da estrutura organizacional existente

As empresas consolidadas sofrem de uma deficiência relacionada à estrutura organizacional. Todas as organizações têm uma estrutura, é ela que lhes permite operar. Na maior parte do tempo, a estrutura organizacional da empresa evolui para adequar-se às tarefas da organização. Por exemplo, uma empresa que precisa de muito retorno dos fornecedores na manufatura de seu produto, geralmente, desenvolve uma estrutura organizacional que facilita essa realimentação.

É aí que aparece uma das fraquezas das empresas consolidadas. O surgimento de um projeto dominante leva as empresas consolidadas a adotarem um projeto específico para o produto e a cessar investimentos em projetos alternativos. Como as empresas criam estruturas organizacionais e padrões de comunicação adequados à produção e distribuição de produtos baseados nesses projetos, elas tendem a adequar sua estrutura organizacional uma vez que tenha surgido um projeto dominante. A estrutura organizacional adotada cria filtros de informações que são úteis para encorajar a troca de informações sobre o projeto de produto atual e é problemático para a troca de informações sobre todos os outros projetos de produtos.[7]

Quando um projeto de um novo produto aparece, a estrutura organizacional das empresas consolidadas filtra as informações a respeito dele. Conseqüentemente, as empresas consolidadas não reconhecem a necessidade do novo projeto, e as empresas novas freqüentemente identificam essa necessidade primeiro. Tome, por exemplo, um novo projeto de um motor de automóvel baseado em energia elétrica em vez de motor de combustão interna. Um pequeno número de pessoas nas empresas de automóveis são especialistas em eletricidade. Até porque, os carros possuem baterias. Entretanto, essas baterias não são usadas para o motor do veículo funcionar. Portanto, o pessoal que trabalha com baterias nas empresas de automóveis não interage muito com as pessoas que projetam as partes do motor. A fim de entender muitos dos compromissos de projeto necessários para projetar um veículo elétrico, os especialistas em baterias precisam interagir com o pessoal de peças do motor. Essa falta de interação torna difícil às pessoas das empresas automobilísticas reconhecerem as informações corretas para projetar um veículo elétrico.

Além disso, mesmo quando a direção das empresas consolidadas finalmente reconhece que um novo projeto é necessário, ela tem muita dificuldade para realizar a mudança, porque para isso é necessário mudar a estrutura da organização. Tomemos o exemplo do automóvel que estávamos discutindo. Para projetar um veículo elétrico, uma empresa automobilística precisa reestruturar a organização. Não apenas o pessoal das baterias precisa ser posto em contato com o pessoal das peças do motor, o que já causaria uma reestruturação da organização, mas também, o pessoal das baterias precisa ser mais valorizado na organização. Agora eles estão trabalhando em algo que é central para a missão da empresa. No entanto, se eles crescerem em proeminência na organização, outros terão de decrescer em importância. E essas pessoas irão resistir à reorganização. Devido a esses tipos de questões da reestruturação das organizações, mudar o projeto do produto é muito caro para as organizações consolidadas. Ao contrário, as empresas novas não enfrentam o problema do velho projeto e assim podem adotar o novo projeto e a estrutura organizacional de apoio muito mais facilmente e de forma muito mais barata do que as empresas consolidadas.[8]

A necessidade de recompensar as pessoas por realizarem seu trabalho

Para sobreviver, as empresas consolidadas têm a necessidade de recompensar as pessoas por realizarem seu trabalho. Esse processo cria duas fraquezas nas empresas consolidadas. As pessoas geralmente não são adequadamente recompensadas por desenvolver novos produtos ou serviços nas organizações consolidadas. A compensação é unicamente com salários (e talvez com pequenas gratificações) e é exigido um desempenho de acordo com as exigências do trabalho. Para saber se as pessoas estão fazendo seu trabalho, os gerentes monitoram os empregados e comparam seu desempenho com os objetivos. Além disso, as empresas consolidadas precisam avaliar os funcionários com base em medidas diferentes das do mercado, porque as informações sobre desempenho são difusas. A divisão de tarefas significa que o desempenho individual em empresas grandes tem pouco efeito no desempenho geral. Conseqüentemente, as grandes empresas consolidadas não dão às pessoas incentivos adequados para que elas sejam inovadoras, e as pessoas tendem a focar sua atenção nos aspectos de seu trabalho que geram recompensas.[9]

A maioria das empresas consolidadas tem dificuldades para designar pessoas talentosas para o desenvolvimento de novos produtos e serviços. As pessoas com habilidades para criar novos produtos e serviços preferem trabalhar em empresas novas, onde podem ter um potencial de crescimento significativo por meio de participação em ações. Conseqüentemente, as empresas consolidadas freqüentemente não têm as pessoas de maior talento em desenvolvimento de produtos. Além disso, estas empresas ganham dinheiro com suas operações correntes. Isso, naturalmente, as leva a designar seu pessoal de maior talento para essas operações, deixando as pessoas menos talentosas para o trabalho de desenvolvimento de produtos realmente novos.

Essas fraquezas significam que as novas empresas, que freqüentemente oferecem participações nos lucros ao pessoal de desenvolvimento de produtos, tem incentivos mais fortes para as pessoas desenvolverem novos produtos e serviços. Essas empresas atraem as pessoas mais talentosas em desenvolvimento de produtos, batendo as empresas consolidadas na maior parte das atividades de desenvolvimento de produtos.

A dificuldade de desenvolvimento de produtos em uma estrutura burocrática

As grandes empresas geralmente têm outras desvantagens que atrapalham o desenvolvimento de novos produtos e serviços. As grandes organizações freqüentemente não têm alta densidade de comunicação. Como têm muitas camadas hierárquicas, é difícil, em grandes empresas, que o pessoal de *marketing* e o de engenharia cooperem e trabalhem juntos no desenvolvimento de produtos, algo que muitas pesquisas já demonstraram ser importante para o sucesso.

As grandes organizações geralmente são pouco flexíveis e oferecem uma autonomia limitada a seus funcionários, porque têm regras e políticas rígidas para garantir a eficiência nas atividades contínuas. A monitoração exige atividades uniformes para funcionar eficazmente. Assim, o monitoramento necessário para garantir o desempenho das operações contínuas reduz a experimentação e o desenvolvimento eficaz de produto.[10]

A maior flexibilidade das novas empresas lhes permite reagir às mudanças do mercado ou da tecnologia muito mais fácil e eficazmente do que as grandes empresas. Por exemplo, a empresa emergente em biotecnologia ARIAD Pharmaceuticals foi capaz de mudar a maneira de focar nas doenças, de conversão de sinais para terapia dos genes, quando os fundadores da empresa descobriram que chegar ao mercado com conversão de sinais iria demorar demais. Empresas farmacêuticas maiores, que trabalham na mesma área, não podiam fazer essa mudança porque lhes faltava a flexibilidade das empresas emergentes.

Além disso, uma estratégia de desenvolvimento de produto eficaz envolve realizar a avaliação de oportunidades e agir simultaneamente, com coleta de dados e análise limitadas e maior uso de bom senso para tomar decisões. As empresas consolidadas freqüentemente têm dificuldades para tomar decisões dessa forma porque essa abordagem entra em conflito com os objetivos, políticas, procedimentos, orçamentos, capacidades e uma série de outras coisas que já existem na empresa. Conseqüentemente, estas empresas geralmente tomam decisões erradas em relação ao lançamento de novos produtos e serviços.[11]

PARE! NÃO FAÇA ISSO!

1. Não ignore as vantagens das empresas consolidadas ao concorrer com sua nova empresa.
2. Não tente concorrer de igual para igual com as empresas consolidadas, procure as fraquezas delas em explorar produtos e serviços de novas tecnologias.

OPORTUNIDADES QUE FAVORECEM AS NOVAS EMPRESAS

As empresas consolidadas não só enfrentam dificuldades para explorar novas oportunidades, o que permite que os empreendedores sejam bem-sucedidos em começar novas empresas, como também algumas oportunidades são mais fáceis do que outras para as novas empresas. Esta seção discute quatro características das oportunidades tecnológicas que as tornam melhores para a formação de novas empresas: tecnologias discretas, tecnologias de capital humano intensivo, tecnologias de uso geral e incerteza.

Tecnologias discretas

As novas empresas têm um melhor desempenho quando perseguem oportunidades de criar novos produtos e serviços que se baseiam em tecnologias discretas. Tecnologia discreta é aquela que pode ser explorada por si só, em oposição a uma tecnologia sistêmica que tem de ser explorada como parte de algo maior. Por exemplo, o remédio é uma tecnologia discreta porque pode ser administrado aos pacientes independentemente de outras tecnologias. Geralmente não é necessário mais do que uma seringa ou uma cápsula para administrar um remédio. Ao contrário, um limpador de pára-brisas é um exemplo de tecnologia sistêmica porque não pode ser usado eficazmente sozinho. Na ausência do sistema que energiza o veículo, o limpador de pára-brisas é praticamente inútil.

As novas empresas se dão melhor explorando tecnologias discretas do que sistêmicas por causa da importância relativa da tecnologia existente na criação de um novo produto ou serviço sistêmico.[12] Na tecnologia sistêmica, o valor gerado pelo novo produto pode ser colhido somente se a empresa tiver o sistema inteiro no qual o novo produto opera. As firmas consolidadas já têm esse sistema, mas as novas empresas precisam criá-lo. Como a nova empresa terá de criar o sistema para colher o valor do lançamento do novo produto, ela obterá menos da tecnologia sistêmica do que uma empresa consolidada que já possui o sistema instalado. Ao contrário, uma tecnologia discreta não exige a recriação de um sistema para ser lançada.

Portanto, as empresas consolidadas não têm nenhuma vantagem em relação às empresas novas no desenvolvimento de produtos baseados em tecnologias discretas.

Tecnologias de capital humano intensivo

As oportunidades de capital humano intensivo são melhores para as empresas novas do que as oportunidades baseadas em capital físico. Para entender por que, você precisa entender a natureza das oportunidades que os empreendedores geralmente exploram. Três quartos das novas oportunidades relacionam-se aos negócios de seus antigos empregadores, seja servindo os mesmos clientes, seja oferecendo produtos similares.[13]

É aí que entra o capital humano. As empresas podem mais facilmente impedir que seus funcionários levem ativos físicos valiosos e os usem para iniciar um novo negócio servindo os mesmos clientes do que impedi-los de levar o capital humano valioso e usá-lo para iniciar um negócio. A razão é que nosso sistema legal considera os ativos físicos como propriedade do empregador e ativos humanos como propriedade do empregado. Portanto, é muito mais fácil um empregado deixar seu emprego e usar seu capital humano para fundar uma empresa do que ele usar o capital físico de onde trabalhava para fundar uma nova empresa. Tome, por exemplo, um novo negócio que faça amarração para esquis. A empresa pode evitar que um empregado que saiu dê início a uma nova empresa para fazer amarração para esquis usando os equipamentos do patrão. Entretanto, o patrão não será capaz de evitar que o empregado use o que está em sua cabeça – seus conhecimentos em adequar as amarrações para esquis às botas – para dar início a uma nova empresa.

Tecnologias de uso geral

As empresas novas tendem a ter um desempenho melhor quando exploram tecnologias de uso geral do que quando exploram tecnologias de uso específico.

Uma tecnologia de uso geral é uma tecnologia que pode ser aplicada a diversos mercados. Um bom exemplo é o *laser*, usado para fazer CDs, *scanners* de supermercado, apontadores a *laser* e uma série de outros produtos. As tecnologias de uso geral são boas para as novas empresas porque dão flexibilidade ao empreendedor. Se uma aplicação de mercado se mostrar inadequada para uma nova tecnologia, o empreendedor pode mudar para outra. Essa flexibilidade fornece um mecanismo útil para ajudar o empreendedor a administrar o risco, porque minimiza a probabilidade de investir em algo que esteja em queda e não tenha valor. A flexibilidade também é útil porque permite que o empreendedor compare diferentes aplicações de mercado e identifique a mais valiosa. Finalmente, as tecnologias de uso geral também são financiadas mais facilmente porque os investidores as vêem como algo que aumenta a probabilidade do novo empreendimento resultar em um produto ou serviço viável.

Ao mesmo tempo, as empresas consolidadas consideram as tecnologias de uso geral difíceis de administrar. Por isso elas querem tecnologias que criem valor em seus mercados correntes e no estágio da cadeia de valor no qual operam. Assim, elas raramente conseguem beneficiar-se da flexibilidade que o uso geral fornece, encontrando-se limitadas pelos seus mercados atuais e pelos seus processos produtivos. Ao focar em seus negócios centrais, as empresas consolidadas geralmente não querem investir no desenvolvimento de tecnologias de uso geral, devido ao risco do valor ser encontrado em outra indústria ou em outro estágio da cadeia de valor. Conseqüentemente, o que é valioso nas tecnologias de uso geral para as novas empresas, freqüentemente, é um impedimento para as empresas consolidadas.

Incerteza

As novas empresas tendem a ter um desempenho melhor quando exploram oportunidades em mercados novos de demanda desconhecida. Por quê? Esses tipos de oportunidades são aquelas em que as capacidades das empresas consolidadas tendem a ser menos benéficas. Grandes empresas consolidadas geralmente desenvolvem fortes conhecimentos em pesquisa de mercado baseada em uma grande quantidade de dados amostrais coletados de pesquisas e grupos de interesse. As novas empresas não conseguem concorrer facilmente com as empresas consolidadas usando esses tipos de dados porque lhes faltam os recursos e a habilidade para obter esses dados e analisá-los. Entretanto, quando as oportunidades são muito incertas, pelo fato de o mercado ser novo e a demanda ser desconhecida, a pesquisa de mercado com grandes amostras estatísticas, que as empresas consolidadas conhecem bem, não é muito eficaz. Pelo contrário, o que funciona bem são pequenos esforços concentrados junto a clientes de ponta. Freqüentemente, os empreendedores podem tomar decisões baseadas em menores volumes de informações do que as empresas consolidadas, porque eles não precisam obedecer às regras e normas de tomada de decisão das grandes empresas. Conseqüentemente, as novas empresas são melhores do que as empresas consolidadas para tomar decisões sob altos graus de incerteza.

PARE! NÃO FAÇA ISSO!

1. Não comece uma empresa para explorar uma tecnologia sistêmica.
2. Não comece uma empresa para explorar uma oportunidade tecnológica baseada em um capital físico pertencente a seu antigo patrão.
3. Não comece uma empresa para explorar uma tecnologia de uso específico.
4. Não comece uma empresa para explorar uma oportunidade em um mercado de demanda bem conhecida.

PERGUNTAS PARA FAZER A SI MESMO

1. Quais são as vantagens das grandes empresas na exploração da oportunidade que eu penso explorar?
2. Na exploração de minha oportunidade, como posso me beneficiar da necessidade que as empresas consolidadas têm de eficiência?
3. Como posso usar para meu benefício o foco que as empresas consolidadas têm em suas capacidades atuais, quando eu criar minha empresa?
4. Como posso me beneficiar da necessidade que as empresas consolidadas têm de focar em seus clientes atuais?
5. Como posso explorar as desvantagens das estruturas organizacionais e da natureza burocrática das empresas consolidadas?
6. Como posso me beneficiar da maneira como as empresas consolidadas recompensam as pessoas?
7. Quais as dimensões da tecnologia que eu estou usando que favorecem as novas empresas?

RESUMO

Este capítulo examinou como você, empreendedor em tecnologia, pode explorar as fraquezas da empresas consolidadas para desenvolver empreendimentos em novas tecnologias com melhor desempenho. A seção inicial do capítulo explicou porque as empresas consolidadas, na maioria das vezes, vencem as batalhas de concorrência com as novas empresas. As empresas consolidadas têm as vantagens de ter crescido mais na curva de aprendizado de manufatura e *marketing*, produzindo e distribuindo novos produtos com mais eficiência e eficácia do que as novas empresas. As empresas consolidadas também se beneficiam dos efeitos de sua reputação. As novas empresas têm de oferecer algo consideravelmente melhor do que o oferecido pela empresa consolidada para atrair os clientes. As empresas consolidadas têm a vantagem de ter um fluxo de caixa positivo, que lhes permite financiar o desenvolvimento de novos produtos e serviços de forma mais barata do que as novas empresas, que têm de levantar capital dos mercados financeiros para realizar esse desenvolvimento. As empresas consolidadas têm a vantagem das economias de escala, que resulta da tendência das novas empresas de se estabelecerem em pequena escala para minimizar o risco. Finalmente, as empresas consolidadas têm ativos complementares em *marketing* e manufatura, que aumentam os retornos de explorar novos produtos e serviços.

Embora as empresas consolidadas tenham essas vantagens, também sofrem com diversas fraquezas que indicam o caminho para os empreendedores concorrerem. As empresas consolidadas se concentram em eficiência como maneira de desenvolver vantagens competitivas em relação a outras empresas, ficando cegas para oportunidades de novos produtos e serviços. O foco delas está em gerar valor a partir de suas capacidades atuais, ignorando oportunidades em que novas capacidades precisam ser criadas. As empresas consolidadas precisam satisfazer seus clientes atuais e assim, freqüentemente, negligenciam oportunidades nas quais novos segmentos de mercado poderiam ser alcançados com novos produtos e serviços. Além disso, elas têm estruturas organizacionais que limitam os padrões de comunicação e o fluxo de informações, tornando difícil para as empresas consolidadas explorarem certas oportunidades. As empresas consolidadas precisam recompensar as pessoas por fazerem seu trabalho atual, e isso limita o processo de recompensa às pessoas por realizar inovações. Elas têm hierarquias para administrar suas operações atuais, o que inibe o desenvolvimento de produtos.

Oportunidades com certas características também são melhores para as novas empresas. As novas empresas têm um desempenho melhor na exploração de tecnologias discretas do que de tecnologias sistêmicas, porque aquelas podem ser exploradas sem a necessidade de construir uma réplica do sistema de ativos de uma empresa existente. As novas empresas têm um desempenho melhor ao explorar oportunidades em capital humano em vez de capital físico, porque este não pode ser facilmente movido das empresas consolidadas para as novas empresas. As novas empresas têm um desempenho melhor ao explorar tecnologias de uso geral do que tecnologias de uso específico, porque as tecnologias de uso geral oferecem uma flexibilidade estratégica para as novas empresas, a qual as ajuda no levantamento do dinheiro, na administração dos riscos e porque as tecnologias de uso geral geralmente exigem que as empresas consolidadas invistam em mercados e processos produtivos que estão fora de suas capacidades atuais, algo que raramente estão dispostas a fazer. Finalmente, as novas empresas têm um desempenho melhor em certas oportunidades porque a avaliação dessas oportunidades demanda técnicas de pesquisa de mercado diferentes das abordagens de grupo de foco e de enquete, nas quais em geral as empresas consolidadas têm vantagem.

Agora você entende a regra número seis do empreendedorismo em tecnologia, explorar as fraquezas das empresas consolidadas. No capítulo seguinte, iremos tratar da regra número sete, administrar de forma eficaz a propriedade intelectual.

NOTAS

1. H. Aldrich, *Organizations Evolving* (London: Sage, 1999).
2. D. Teece, "Profiting from Technological Innovation: Implications for Integration, Collaboration, Licensing and Public Policy," in D. Teece (ed), *The Competitive Challenge,* ed. D. Teece (Cambridge, MA: Ballinger, 1987).
3. C. Christiansen, *The Innovator's Dilemma* (Cambridge: Harvard Business School Press, 1997).

4. Ibid.
5. P. Grant, and A. Latour, "Battered Telecoms Face New Challenge: Internet Calling," *Wall Street Journal,* October 9, 2003, pp. A1, A9.
6. C. Christiansen, *The Innovator's Dilemma.* op. cit.
7. R. Henderson and K. Clark, "Architectural Innovation: The Reconfiguration of Existing Product Technologies and the Failure of Established Firms. *Administrative Science Quarterly* 35 (1990): 9–30.
8. Ibid.
9. B. Holmstrom, "Agency Costs and Innovation." *Journal of Economic Behavior and Organization* 12 (1989): 305–27.
10. R. Kanter, "When a Thousand Flowers Bloom: Structural, Collective, and Social Conditions for Innovations in Organization." *Research in Organizational Behavior* 10 (1988): 169–211.
11. D. Barton, *Commercializing Technology: Imaginative Understanding of User Needs* (Boston, MA: Harvard Business School Note 9-694-102, 1994).
12. S. Winter, "Schumpeterian Competition in Alternative Technological Regimes." *Journal of Economic Behavior and Organization* (1984): 287–320.
13. R. Young and J. Francis, "Entrepreneurship and Innovation in Small Manufacturing Firms," *Social Science Quarterly* 72 no. 1 (1991): 149–62.

Administrar de forma eficaz a propriedade intelectual

Lançar um produto ou serviço que atenda à necessidade do mercado é uma condição necessária, mas não suficiente, para o sucesso do empreendedor em tecnologia. Para ter sucesso, você também precisa proteger seus produtos e serviços inovadores da imitação. Caso contrário, você não irá obter retorno, uma vez que os lucros de lançar novos produtos e serviços irão para seus concorrentes.

Infelizmente para os empreendedores em tecnologia, proteger da imitação novos produtos ou serviços não é fácil. A maioria dos novos produtos e serviços são fáceis de copiar, especialmente para as grandes empresas consolidadas. Além disso, como essas empresas têm muitas vantagens sobre as empresas novas – questões como uma força de venda consolidada ou uma unidade de produção eficiente, que foram o assunto do capítulo anterior – elas geralmente conseguem atender melhor às necessidades do cliente do que os empreendedores, se tiverem êxito em copiar o seu produto ou serviço. Assim, descobrir a maneira de evitar que as concorrentes, especialmente as empresas consolidadas, imitem um novo produto ou serviço é uma questão crucial.

Este capítulo:

- Discute as idéias básicas subjacentes a apropriar-se dos retornos da inovação.
- Explica por que é tão fácil para as empresas consolidadas imitar os novos produtos e serviços, identificando por que é importante desenvolver um plano para impedir a imitação.
- Discute uma das partes mais importantes de um plano para impedir a imitação – a administração do segredo.
- Discute outra questão importante do plano para evitar a imitação – o uso de patentes como uma barreira legal à imitação.

COPIAR É FÁCIL – E PREJUDICIAL!

Embora os empreendedores que criam novas empresas geralmente sejam muito eficazes em desenvolver novos produtos e serviços que atendam às necessidades dos clientes, eles freqüentemente são muito ineficazes no que diz respeito a capturar os retornos financeiros. A razão é que é muito fácil para os outros – especialmente para as grandes empresas consolidadas – imitar os novos produtos e serviços que os empreendedores desenvolveram. Um estudo de Richard Levin e de seus colegas mostrou que em aproximadamente 50% dos casos, o produto novo não-patenteado podia ser duplicado por seis a dez concorrentes pela metade do custo do desenvolvimento original. [1] Outro estudo, este desenvolvido por Edwin Mansfield, mostrou que, na média, um terço dos novos produtos podiam ser imitados em seis meses ou menos.[2]

As empresas consolidadas consideram relativamente fácil imitar os novos produtos e serviços lançados por empreendedores por uma série de razões. Em muitos dos novos produtos, pode-se fazer engenharia reversa, em que o pessoal técnico simplesmente desmonta o novo produto e descobre como ele funciona. Uma vez que os engenheiros descubram como funciona o produto ou serviço da outra empresa, é muito fácil encontrar uma outra maneira de fazer exatamente a mesma coisa.[3]

Os concorrentes podem facilmente contratar os empregados do empreendedor como forma de aprender. O mercado de trabalho é livre, e as pessoas freqüentemente deixam uma empresa para ir trabalhar para os concorrentes. Muitas empresas aprendem a imitar os produtos e serviços oferecendo um salário maior para os empregados de seus concorrentes, a fim de fazê-los mudar de barco. Então elas usam o conhecimento dos funcionários para criar imitações dos produtos e serviços. Embora as empresas possam impedir esse mecanismo, fazendo seus funcionários assinar acordos de não-concorrência, esses acordos geralmente são difíceis de cumprir. Além disso, é muito difícil provar que os funcionários estão usando além do que seu capital humano em benefício do novo empregador, quando eles o ajudam a desenvolver imitações dos produtos e serviços.

Às vezes, simplesmente trabalhar em produtos semelhantes permite aos concorrentes descobrir como copiar o novo produto ou serviço do empreendedor. A maioria das empresas está trabalhando em novos produtos e serviços e o simples fato de saber que o outro descobriu uma maneira de fazer um produto menor ou acrescentou alguma característica ao produto, às vezes, é suficiente para permitir que a empresa surja com uma imitação do produto ou serviço por si própria.[4]

Freqüentemente, os concorrentes podem olhar os documentos que descrevem a patente ou as publicações e descobrir como copiar um novo produto ou serviço.[5] Como os engenheiros e os cientistas têm muito conhecimento na área em que trabalham, geralmente conseguem extrapolar a partir de informações parciais, obtidas em patentes ou publicações, e descobrir como imitar o novo produto ou serviço do concorrente, somente com base nas informações tornadas públicas.

A habilidade dos concorrentes de imitar um produto ou serviço do empreendedor é algo muito problemático, porque a imitação rapidamente desgasta os lucros de lançar um novo produto ou serviço. Digamos que você lance um novo produto ou serviço para atender a uma necessidade de mercado. Você terá um monopólio inicial, porque ninguém mais está oferecendo o mesmo produto ou serviço para atender àquela determinada necessidade do mercado. Esse monopólio lhe permite cobrar preços altos e colher altas margens de lucro.

Infelizmente, seu sucesso inicial, se você tiver algum, irá motivar os concorrentes a tentar imitar o produto ou serviço. Se os concorrentes conseguirem criar um produto ou serviço que atenda à mesma necessidade do consumidor que você está satisfazendo, eles poderão capturar alguns dos lucros que você está tendo. Para piorar as coisas, quanto mais sucesso você tiver ao lançar o novo produto ou serviço, menos você desejará ser imitado e mais fácil será para os concorrentes imitarem o que você está fazendo. O sucesso torna mais óbvio que os concorrentes devem imitar o que você está fazendo e lhes fornece as informações de que eles precisam para imitar seu novo produto ou serviço com sucesso.

Se os imitadores não forem barrados, vão minar todos os seus lucros. Para produzir cópias de seu produto ou serviço inicial, os imitadores precisam obter acesso aos mesmos recursos que você está usando – os funcionários, o capital e as matérias primas – e assim, buscando esses recursos, eles definem os preços, fazendo com que a sua margem de lucros caia. Além disso, os imitadores tiram alguns de seus clientes. Cada cliente que eles roubam de você diminui sua receita, afetando negativamente seu lucro.

A fim de ser um empreendedor bem-sucedido, você precisa descobrir uma maneira de capturar os retornos do lançamento de novos produtos e serviços. Embora o próximo capítulo discuta diversos mecanismos para isso, que não envolvem evitar a imitação, impedir que outros copiem um novo produto ou serviço é parte do que você precisa fazer para ter sucesso. Como será explicado em maiores detalhes, evitar a imitação geralmente envolve fazer uma dentre duas coisas. Ou você evita que as informações sobre o novo produto ou serviço cheguem aos concorrentes, ou você tem cria uma barreira legal à imitação.[6] Você consegue manter as informações sobre um novo produto ou serviço a salvo da difusão mantendo as informações em segredo. Você pode criar uma barreira legal à imitação patenteando as invenções.[7]

> PARE! NÃO FAÇA ISSO!
>
> 1. Não pense que os concorrentes terão dificuldades para copiar seu novo produto ou serviço.
> 2. Não esqueça de criar barreiras à imitação de seu novo produto ou serviço.

SIGILO

No nível mais básico, evitar a imitação reduzindo a difusão de informações aos concorrentes sobre um novo produto ou serviço, geralmente envolve manter as coisas em segredo. Por exemplo, suponha que você tenha descoberto um produto químico do qual se possa fazer um excelente fertilizante. Se você pretende iniciar uma empresa de fertilizantes, pode não querer dizer às outras pessoas que você identificou esse produto químico. Se os concorrentes e potenciais concorrentes não souberem que a chave para o desenvolvimento de seu novo produto está no uso de um determinado produto químico, então eles não irão entender que precisam obter acesso a esse produto químico para serem bem-sucedidos ao concorrer com você. Portanto, eles não tentarão o acesso a esse recurso e não terão êxito em copiar seu produto.

Quando o sigilo funciona?

Os esforços para diminuir a imitação mantendo sigilo sobre o novo produto ou serviço funcionam melhor sob certas condições. O sigilo funciona melhor quando há poucas fontes das informações sobre o novo produto ou serviço, além do próprio empreendedor. A fim de imitar seu produto ou serviço, o concorrente precisa ter acesso às informações que tornem a criação da cópia possível. Embora os concorrentes possam obter essas informações de você, eles também podem obtê-las de terceiros. A eficácia de seus esforços para manter as coisas em segredo não será muito grande se terceiros facilmente puderem fornecer essas informações. É por isso que é mais fácil a Coca-Cola evitar que outras empresas copiem a fórmula de seu refrigerante do que a sua lavanderia a seco manter a sua fórmula de lavar a seco em segredo. Mesmo que seu lavador a seco nunca tenha dito a ninguém a fórmula, você poderia obtê-la de qualquer das milhares de outras lavanderias que lavam a seco. Entretanto, se os executivos da Coca-Cola não lhe disserem a fórmula da Coca clássica, você não terá como sabê-la.

O sigilo é mais eficaz quando o novo produto ou serviço for complexo. A imitação envolve entender como copiar um novo produto ou serviço, não apenas ter acesso a fórmulas ou projetos. Quanto mais complexo for um produto ou serviço, mais difícil será para as pessoas duplicá-lo. A complexidade afeta o entendimento das pessoas da ordem na qual as tarefas precisam ser realizadas e a dificuldade de se coreografar os esforços conjuntos de diferentes pessoas, tornando mais difícil de copiar produtos ou serviços. Tome, por exemplo, a dificuldade de montar um brinquedo de criança. Mesmo que você tenha as instruções, é muito mais difícil reproduzir o produto da maneira que o fabricante pensou, quando ele é composto de centenas de peças do que quando tem poucas peças.

O sigilo é mais eficaz quando o processo de criação de um novo produto ou serviço não é bem-entendido. Para imitar as suas atividades, as pessoas têm de entender o que você está fazendo. Quanto menos concorrentes puderem realmente entender o que você está fazendo, menos chance de imitação. Por exemplo, suponha que você desenvolveu um novo método para manter escoadouros limpos, com uma mistura química em uma certa temperatura. Os problemas que muitos proprietários de casas têm com os ralos para água de chuva entupidos e o prejuízo que isso causa levariam a uma demanda significativa por uma mistura química de limpeza de preço razoável. Uma vez que os clientes em potencial ficassem sabendo sobre a solução, os concorrentes iriam aparecer, vislumbrando uma oportunidade de obter lucros.

Entretanto, o que aconteceria se o processo de criar essa nova solução química fosse mal-entendido? Isto é, para que o produto funcione, quantidades precisas dos produtos químicos têm de ser combinadas nos momentos exatos, sob temperatura certa. Se o processo de combinação dos produtos químicos fosse difícil de entender, poucas pessoas seriam capazes de imitar esse produto, e você capturaria os seus lucros do fornecimento.

O sigilo funciona melhor quando as informações mantidas em segredo envolvem conhecimento tácito, ou conhecimento sobre como fazer algo que não está documentado de forma escrita. Bons exemplos de conhecimento tácito são: o conhecimento do gerente da operação de como manter uma linha de montagem operando a alta velocidade – por meio de um senso sobre onde colocar os diferentes funcionários com as diferentes habilidades, ou o conhecimento de uma pessoa de vendas de como fechar as vendas sincronizando a introdução de comentários pessoais em uma discussão.

A imitação é mais lenta quando o conhecimento-chave necessário para lançar o produto ou serviço é tácito, porque a habilidade de escrever as coisas de uma forma documentada significa que o processo ou é suficientemente bem-entendido ou então é suficientemente simples para ser expresso em uma forma escrita passo a passo.

Se você não escrever a fórmula para desenvolver um novo produto ou serviço, então os concorrentes terão mais dificuldades para descobrir os processos que você usa para produzir e distribuir um produto ou serviço.[8] Como eles não podem entrar na sua cabeça, terão dificuldades para entender o que você sabe, tornando-se difícil que eles imitem seu produto ou serviço. Por exemplo, suponha que você tenha desenvolvido um processo melhor para produzir aço, que mantém em sua mente. Sem entender exatamente como se faz aço, seria difícil para seus concorrentes desenvolverem aço usando o mesmo processo.

Além disso, é mais fácil imitar um processo documentado do que um tácito, porque imitar um processo documentado exige acesso ao documento que delineia o processo, enquanto que a imitação de processo entendido tacitamente exige acesso à pessoa que tem essas informações. Na maior parte do tempo, é mais fácil conseguir o controle de um documento sobre o processo do que conseguir o controle da pessoa que tem esse conhecimento. Tome, por exemplo, o caso do conhecimento em conserto de caldeiras. Se esse conhecimento for mantido em forma de documento por uma empresa em Michigan, então uma empresa em Ohio poderia obter o controle dessa informação e levá-la mais facilmente do que se o conhecimento fosse tácito e mantido na mente dos funcionários da empresa de Michigan. No último caso, os concorrentes teriam de contratar os funcionários da empresa em Michigan e conseguir que eles se mudassem para Ohio para imitar o produto ou serviço.

O sigilo funciona melhor quando há um número limitado de pessoas capazes de entender a informação. Quanto menos pessoas tiverem a experiência prática e as habilidades para desenvolver o produto ou serviço que você desenvolveu, menos pessoas poderão descobrir como imitar o que você está fazendo, ainda que você mantenha seu conhecimento em segredo. Os pesquisadores Lynne Zucker e Michael Darby, da Escola de Administração de Empresas da UCLA, mostraram que isso é verdade para as novas empresas de biotecnologia. Eles descobriram que as novas empresas de biotecnologia que foram fundadas para explorar o conhecimento científico dos cientistas de ponta, freqüentemente tinham sucesso porque a concorrência se limitava ao punhado de pessoas que também tinham as habilidades para explorar as técnicas científicas avançadas que eles usavam.[9]

Segredos industriais

O sigilo industrial é um caso especial que exige todos os esforços para manter um novo produto ou serviço em segredo. O segredo industrial é um pedaço não-patenteado da propriedade intelectual que fornece uma vantagem competitiva. Por exemplo, um novo processo para refinar petróleo ou fazer remédios pode ser o tipo de coisa para a qual a definição de segredo industrial é importante. Outros exemplos podem incluir processos de manufatura, listas de clientes e receitas de comidas. Como o segredo industrial exige manter a informação em segredo, é útil repassarmos algumas das condições-chave para transformar algo em um segredo industrial.

Você precisa dar passos significativos para garantir que irá manter a informação em segredo. Isso quer dizer que precisa garantir que todos os empregados assinem os acordos de manter em sigilo, acordos feitos por advogados que conhecem os detalhes da lei trabalhista. É difícil manter a informação em segredo, e não se pode entrar com um processo judicial alegando que a informação deve ser mantida em segredo, a menos que você exija que seus empregados reprimam a disponibilização das informações.

Além disso, você precisa agir para que as pessoas não tenham acesso às informações secretas por acidente. Isso significa que a sua empresa tem de adotar certas "políticas de sigilo". O acesso às informações-chave deve ser limitado apenas ao pessoal que delas necessita. Assim, por exemplo, apenas três pessoas na Coca-Cola têm acesso à fórmula da Coca clássica, principal segredo industrial da empresa. Essa distribuição limitada da fórmula ajuda a mantê-la em segredo. Além disso, o acesso físico aos locais que contêm a informação secreta tem de ser dificultado. Isso quer dizer que as instalações de sua empresa têm de ter áreas vedadas aos visitantes, e a visita à fábrica pelos clientes e fornecedores não pode incluir acesso a essas áreas.

Você precisa estar vigilante para garantir que não haja outros mecanismos disponíveis para os concorrentes conseguirem acesso ao segredo. Nada impede os concorrentes de usarem informações obtidas de forma independente (desde que conseguidas por meios legais) sobre qualquer produto ou serviço que você desenvolver. Assim, se você inventou um novo tipo de fertilizante que acelera o crescimento do capim em 50%, e seu concorrente descobrisse independentemente a fórmula, por meios legais – lendo suas publicações, conversando com seus fornecedores ou com seus clientes, fazendo engenharia reversa em seu produto – nada poderia impedi-lo de fazer e vender exatamente o mesmo fertilizante que você. Portanto, os processos produtivos se mostram mais facilmente protegidos por segredos industriais do que os produtos. Como você vende seu produto no mercado, será mais difícil você manter em segredo sua composição, do que os processos produtivos usados para fazer o produto.

> **PARE! NÃO FAÇA ISSO!**
>
> 1. Não use o sigilo para proteger seu novo produto ou serviço sem tomar as necessárias medidas legais para garantir o sigilo.
>
> 2. Não use o sigilo para proteger seu novo produto ou serviço quando há muitas fontes com a informação sobre ele além de você, quando o novo produto ou serviço for simples de criar, quando os mecanismos para criá-lo são bem-entendidos, quando o conhecimento-chave para criá-lo está bem codificado, e quando há muitas pessoas que poderiam desenvolver seu novo produto ou serviço.

Para evitar que os concorrentes imitem algo que você tem tentado proteger como segredo industrial, você não apenas precisa realizar esforços para mantê-lo em segredo e para evitar que os concorrentes desenvolvam o mesmo produto ou serviço independentemente, mas você também precisa demonstrar que tem uma vantagem competitiva que será perdida se os concorrentes puderem fazer uso de seu segredo industrial. Isso quer dizer que você tem de ser capaz de internalizar que isso, que você chama de segredo industrial, é crucial para a maneira como sua empresa obtém valor, dando-lhe uma vantagem sobre a concorrência no mercado.

PATENTEAR

Na maioria das vezes, é virtualmente impossível manter em segredo as informações sobre como produzir um produto ou serviço de nova tecnologia. Sob essas circunstâncias, os empreendedores podem capturar os retornos do desenvolvimento dos novos produtos e serviços criando uma barreira legal à imitação por parte dos concorrentes. Embora haja diversas barreiras legais à imitação – direitos autorais, marca registrada e patentes – as patentes na realidade são as únicas que têm algum efeito para evitar a imitação. Portanto, os empreendedores bem-sucedidos podem obter direitos autorais e marcas registradas, mas sua estratégia de usar barreiras legais à imitação gira em torno de patentes.

A patente é um monopólio concedido pelo governo que não permite que outros usem uma invenção para criar um produto ou serviço no período de 20 anos, desde que o inventor revele como a invenção funciona. Para receber uma patente, você precisa ter uma invenção que o escritório de patentes considere nova.

Não pode ser um próximo passo óbvio em um desenvolvimento tecnológico para uma pessoa especialista no campo e precisa ter alguma utilidade comercial. Além disso, a invenção não pode ter sido revelada publicamente, seja em um foro aberto seja de forma impressa, e não pode já ter sido oferecida para venda.[10]

As patentes fortes são especialmente importantes para os empreendedores, porque as empresas novas não têm outra forma de vantagem competitiva quando começam. Como não possuem os melhores processos de manufatura ou de *marketing*, se comparadas com as empresas consolidadas, as patentes fortes permitem que as novas empresas criem a cadeia de valor de seu novo negócio antes que seu novo produto ou serviço seja imitado por outras empresas. Quanto mais forte a patente e quanto mais amplo seu escopo, mais empresas concorrentes você poderá impedir de imitar seu novo produto ou serviço, aumentando a probabilidade de que consiga colocar a nova empresa e sua cadeia de valor no lugar antes que a imitação ocorra.

Além disso, as patentes fortes são extremamente importantes para levantar dinheiro em indústrias como a biotecnologia. Como as patentes tendem a ser bastante fortes em biotecnologia, são importantes para alavancar recursos. As patentes são uma fonte verificável de vantagem competitiva para a nova empresa, o que facilita a obtenção de financiamento. Também são um ativo vendável se o empreendimento fracassar. Como os investidores podem "levar as patentes para o banco" no final do dia, os empreendedores podem levantar mais dinheiro do que se eles não tiverem tais ativos vendáveis subjacentes a seus empreendimentos.

Embora o patenteamento seja uma forma muito valiosa de proteção contra a imitação para um empreendedor em tecnologia, ele realmente tem diversas limitações. De modo que você não deve pensar que pode simplesmente patentear seus produtos e serviços e que seus problemas com potencial imitação estarão todos resolvidos.

Uma das limitações do patenteamento é que apenas uma fábrica, processo, máquina, manufatura, fórmula, projeto ou um programa de *software* são patenteáveis. Uma idéia não pode ser patenteada, o que atrapalha o patenteamento da maioria dos serviços.[11] Por exemplo, você não pode patentear o conceito de serviço cortês, o que é um problema se sua estratégia para agregar valor depender de fornecer um melhor serviço, em vez de beneficiar-se dos componentes de seu produto em si.

Além disso, a eficácia das patentes dos métodos comerciais, os quais permitem alguma forma de proteger os serviços, não está muito demonstrada. Embora você agora possa patentear "métodos comerciais", como o sistema de "um clique" que a Amazon.com usa para permitir que seus clientes evitem entrar novamente com as informações nas compras *on-line*, o histórico limitado dessas patentes torna difícil dizer como os tribunais irão interpretar sua utilidade em excluir a imitação dos métodos comerciais.[12]

Outra limitação do patenteamento é que, para obter uma patente, você precisa mostrar como o produto ou serviço que está sendo patenteado difere do estado da arte anteriormente existente, ou das invenções anteriormente patenteadas. A patente só é concedida para um trabalho de tecnologia que faça uma melhoria sobre uma invenção anterior. Se a nova tecnologia for uma imitação exata da tecnologia anterior, ela não é patenteável. Além disso, quando a invenção está construída em cima de invenções anteriores, a patente da nova invenção precisa citar as patentes anteriores. Essas citações limitam o direito de propriedade do inventor apenas àquelas coisas não-reivindicadas nas patentes anteriormente citadas. Portanto, um dos aspectos mais importantes do patenteamento é fazer as reivindicações fortes exatamente em cima do que foi inventado.

Quanto mais amplas forem as reivindicações de uma patente, melhor a proteção por ela oferecida, porque uma patente fornece um direito de propriedade apenas sobre o que é reivindicado. Quando uma reivindicação é muito estreita, é mais fácil para outras empresas fazerem pequenas mudanças na invenção e contornar a reivindicação. Conseqüentemente, uma reivindicação sobre um processo de misturar produtos químicos é mais valiosa do que uma reivindicação por um processo de misturar amônia, porque aquele protege você contra a imitação de todos os processos de mistura de produtos químicos, enquanto que este só lhe protege contra a imitação de processos de mistura de amônia.

Como se pode saber se uma patente tem reivindicações fortes? Você precisa olhar a patente e ver se parte das reivindicações poderiam ser mudadas ou deixadas de lado e ainda produzir a mesma invenção. Por exemplo, se uma patente reivindica o processo por usar determinado adesivo para unir duas peças de metal, mas você poderia facilmente unir as duas peças de metal com outro adesivo, a patente tem reivindicações fracas. Tudo o que o concorrente tem a fazer para contornar a patente do adesivo é substituir o adesivo que você reivindicou por outro.

Tome, por exemplo, a patente U.S. Patent 6,622,077, de um sistema de frenagem anti-derrapante. A primeira reivindicação dessa patente é de

> um sistema de frenagem anti-derrapante para um veículo de rodas que tenha pelo menos dois eixos, sensores de velocidade da roda e pelo menos um modulador por eixo para o ajuste das pressões de frenagem, compreendendo uma unidade de controle eletrônico que tenha quatro canais e quatro estágios finais, pelo menos um eixo do antes mencionado, pelo menos dois eixos tendo um único do mencionado, pelo menos um modulador por eixo para controle comum das rodas no mencionado, pelo menos um eixo, mencionado como único, pelo menos um modulador sendo atuado comumente por dois estágios finais dos quatro estágios finais da unidade de controle eletrônico mencionada acima, e um acoplador para acoplar o eixo único da mencionada, pelo menos um modulador para a mencionada unidade de controle eletrônico.

Essa reivindicação da patente é forte do ponto de vista do tipo de veículos nos quais os sistemas de frenagem ABS seriam protegidos. A patente não protege apenas um sistema ABS em um carro ou em um caminhão, mas protege o sistema ABS em qualquer "veículo que tenha pelo menos dois eixos, sensores de velocidade na roda e pelo menos um modulador por eixo para o ajuste da velocidade de frenagem". Esse conjunto de veículos é bastante amplo e oferece ao dono da patente uma proteção razoavelmente ampla.

Entretanto, essa reivindicação da patente não é muito forte quando considerada do ponto de vista do tipo de características que os veículos devem ter para que o sistema ABS esteja protegido. A patente só protege sistemas ABS naqueles veículos que tenham sensores de velocidade da roda e pelo menos um modulador por eixo, o que é mais limitante do que "todos os veículos". Além disso, a patente cita uma patente anterior para um "sistema de seletor de modo de diagnóstico para sistemas ABS e outros sistemas eletrônicos". Conseqüentemente, a patente 6,622,077 não cobre o direito de propriedade para o sistema de seletor do modo de diagnóstico para sistemas ABS.

Ainda outra limitação das patentes é que elas freqüentemente são ineficazes a menos que você obtenha múltiplas patentes, em vez de uma só. Embora as patentes múltiplas garantam reivindicações amplas e forneçam uma "cerca" de proteção em volta do produto ou serviço, elas são mais caras e difíceis de serem obtidas do que uma patente única. Não são todos os aspectos de uma patente que atendem aos critérios de novidade, de não-obviedade e de valor necessários para uma patente. Além disso, as patentes são tão fortes quanto suas reivindicações, e obter patentes múltiplas com reivindicações fortes é muito difícil.

Tome, por exemplo, a empresa emergente de Ronald Demon, um aluno do MIT que inventou um sapato que ajusta o amortecedor ao que o usuário estiver fazendo. Para evitar que as empresas imitassem seu novo sapato, buscou protegê-lo com patentes. Entretanto, não consegue obter proteção por patente em todo seu sapato, porque poucas dimensões são novas, não-óbvias e valiosas, os critérios para proteção por patente. Conseqüentemente, ele só consegue patentear partes específicas de seu novo sapato. Como as empresas de sapatos poderiam contornar qualquer uma de suas patentes por encontrar uma forma diferente de conseguir o mesmo objetivo, ele necessita de múltiplas patentes, cada uma delas protegendo uma dimensão diferente do sapato para garantir que seu novo sapato não seja copiado.[13]

As patentes também são caras. Incluindo todas as despesas de arquivamento e as despesas legais, uma patente padrão custa cerca de 15.000 dólares. Mas esse não é o custo total do patenteamento. Como a proteção por patente só existe naqueles países onde as patentes são concedidas, esse custo inicial tem de ser multiplicado pelo número de países nos quais a proteção por patente for buscada. Realmente não há benefício em patentear suas invenções nos Estados Unidos, se você tiver intenção de vender o produto no exterior. Os imitadores podem legalmente imitar sua invenção lendo a revelação da patente nos Estados Unidos e, então, aplicando-a em qualquer país onde o inventor não obteve proteção por patente. Como você tem de revelar como uma invenção funciona para obter uma patente, requerer uma patente americana, na verdade, ensina às pessoas em outros países o modo como criar o produto ou serviço no qual a patente se baseia, e torna mais fácil para eles lançarem o mesmo produto ou serviço em seus países. Portanto, se você não quer que empresas da Europa, do Canadá ou do Japão imitem seus produtos, você terá de inventar aproximadamente 60.000 dólares para obter apenas uma patente.

Além disso, o sistema de patenteamento não é o mesmo em todos os países, acrescentando mais gastos ao processo. Os Estados Unidos concedem patentes à primeira pessoa que inventar uma nova tecnologia, enquanto que os países cujo sistema legal se baseia no código de leis romano patenteiam para a primeira pessoa que requerer a invenção. Portanto, se você, como empreendedor dos Estados Unidos, buscar obter uma patente em um país da América Latina, onde quase todos os sistemas de patentes se baseiam no código de leis romano, você terá de incorrer no gasto adicional de arquivar rapidamente, antes que outro fique sabendo da invenção e se antecipe para arquivá-lo.

Acrescente a tudo isso o fato de que um produto ou serviço pode exigir mais de uma patente, e o preço facilmente ultrapassará os 100.000 dólares. Naturalmente, essa é apenas a parte inicial do custo. Você ainda precisa contratar advogados para defender o produto ou serviço da imitação no tribunal de patentes, porque os processos legais são os mecanismos para fazer cumprir os direitos das patentes.

Os custos para defender uma patente não são poucos. Para defender uma invenção patenteada, seus advogados terão de mostrar que um imitador violou as reivindicações da patente e que você sofreu prejuízos. Esse processo pode levar os custos da proteção por patente para milhões de dólares.

As empresas consolidadas sabem quão custoso é para os empreendedores fazerem cumprir sua proteção e freqüentemente testam a disposição dos empreendedores em defender suas patentes. Por conseqüência, elas freqüentemente imitam as invenções patenteadas e correm o risco de terem de, no final, pagar indenização. Embora os imitadores sentenciados por infringir uma patente tenham de pagar o triplo dos prejuízos, os executivos das empresas consolidadas percebem que muitos empreendedores terão de desistir antes que o processo legal chegue a esse ponto. Muitos empreendedores simplesmente ficam sem dinheiro ou sem energia antes que cheguem ao fim de processo de vários anos. Muitos deles se contentam por menos do triplo dos prejuízos ou desistem de lutar.

As patentes não são sempre fortes para evitar a imitação. Em alguns casos, o escopo da reivindicação que você pode obter é estreito demais para oferecer muita proteção. Como foi descrito, as patentes são tão fortes quanto suas reivindicações, e, às vezes, as boas reivindicações já foram perdidas, protegendo contra as imitações apenas um conjunto muito limitado de fatores.

Em outros casos, é fácil para os imitadores inventarem contornando sua patente e conseguir o mesmo objetivo que você conseguiu, sem violar as reivindicações da invenção. Inventar contornando é o processo de desenvolver algo que atinja o mesmo objetivo que a invenção patenteada, sem violar as reivindicações da patente. É possível inventar contornando as patentes porque geralmente há diversas maneiras de alcançar o mesmo objetivo técnico. Por exemplo, um imitador pode freqüentemente inventar contornando a patente de um dispositivo eletrônico mudando o projeto dos circuitos, fazendo o produto copiado funcionar da mesma maneira que o produto patenteado, mas sem usar o mesmo projeto de circuitos da invenção patenteada.

Os esforços da TiVo para impor uma patente sobre o modo como o vídeo digital é salvo em um disco rígido, contra a EchoStar Communications (a qual oferece o DISH Network) é um desses casos. A TiVo reivindica que o DISH viola sua patente porque ele também salva vídeo digital em um disco rígido. Entretanto, se o DISH armazenar vídeo digital de uma forma diferente da TiVo, conseguindo o mesmo objetivo por meios técnicos alternativos, a patente da TiVo não irá cobrir o produto da EchoStar.[14]

Em outros casos, pode ser difícil demais provar que outros infringiram sua patente ou então caro demais defender a patente em um processo judicial. Uma coisa é pensar que alguém violou sua patente, e outra é prová-lo em juízo. Às vezes, os empreendedores em tecnologia não conseguem juntar a evidência necessária para provar que realmente ocorreu algo ilegal. Outras vezes, os custos fixos de defender uma patente são tão altos que simplesmente não vale a pena passar por esse esforço.[15]

A tecnologia está se desenvolvendo tão rapidamente de tantas e variadas maneiras que, quando as patentes são emitidas, todos os inventores possuem reivindicações que se sobrepõem, o que os obriga a fazer acordos de licenciamento uns com os outros, que minam a vantagem de possuir uma patente. Dados os custos relativamente fixos das patentes, o valor potencial gerado por eles é às vezes pequeno demais para justificar o custo de exigir o seu cumprimento.[16]

Obter uma patente exige que você revele como a invenção funciona. Essa revelação obviamente torna mais fácil para os imitadores copiarem seu produto ou serviço. Embora você tenha um monopólio de 20 anos em troca, às vezes esse monopólio não vale o custo dessa. Talvez o exemplo mais famoso dessa escolha seja a fórmula química da Coca-Cola, que nunca foi patenteada. Se a fórmula tivesse sido patenteada, o monopólio já teria expirado há muito tempo, permitindo que os concorrentes produzissem refrigerantes com exatamente a mesma composição química (e sabor!) da Coca. O fato de essa fórmula nunca ter sido patenteada é o que torna possível que a Coca-Cola evite imitações exatas de seu produto.

A última desvantagem das patentes é que elas não são muito eficazes em muitas indústrias. Tendem a funcionar bem em indústrias nas quais a tecnologia fundamental é biológica ou química e muito menos em indústrias nas quais a tecnologia fundamental é mecânica ou elétrica.[17] Tem a ver com a capacidade de atingir os mesmos objetivos por meio de abordagens técnicas alternativas. Em questões biológicas ou químicas, é difícil fazer uma pequena modificação no projeto e ainda conseguir o mesmo objetivo. Isso não é verdade para dispositivos mecânicos ou elétricos. Por exemplo, um remédio tem uma estrutura molecular muito precisa, e pequenas alterações podem transformar o remédio de benéfico em maléfico. Ao contrário, a maioria dos dispositivos elétricos podem ser estruturados de forma bem-diferente e, ainda assim, atingirem os mesmos objetivos.

Diversos pesquisadores investigaram as diferenças entre as indústrias quanto à eficácia de patentes. A Tabela 7.1 fornece alguns dados adaptados da Pesquisa da Yale sobre Inovação, um estudo que examinou a eficácia das patentes, investigando mais de 600 gerentes de pesquisa e desenvolvimento em mais de 130 linhas de negócios sobre a eficácia das patentes em sua indústria. A tabela mostra que, em indústrias como remédios e produtos químicos, as patentes são muito eficazes para proteção de novos produtos, mas que em indústrias como a de motores e geradores ou computadores, elas não são eficazes.[18]

TABELA 7.1
A eficácia das patentes de produtos por indústria

Indústria	Eficácia (escala de 7 pontos, em que 7 equivale a "muito eficaz")
Remédios	6,5
Produtos químicos orgânicos	6,1
Produtos químicos inorgânicos	5,2
Produtos siderúrgicos	5,1
Produtos de plástico	4,9
Dispositivos médicos	4,7
Autopeças	4,5
Semicondutores	4,5
Bombas e equipamentos para bombeamento	4,4
Cosméticos	4,1
Equipamentos de precisão	3,9
Aviões e peças para aviões	3,8
Equipamentos de comunicação	3,6
Motores, geradores e controles	3,5
Computadores	3,4
Pasta para fabricação de papel, papel e papelão	3,3

PARE! NÃO FAÇA ISSO!

1. Não assuma que as patentes irão proteger seu novo produto ou serviço. Avalie se elas irão funcionar em sua situação.

2. Não esqueça de comparar a eficácia das patentes com a dos segredos industriais, como forma de proteger seu novo produto ou serviço. O segredo industrial pode ser melhor em seu caso.

PERGUNTAS PARA FAZER A SI MESMO

1. Seria fácil para meus concorrentes copiar meu produto ou serviço?
2. Meu produto ou serviço poderia ser protegido por sigilo?
3. O que eu preciso fazer para proteger meu produto ou serviço como um segredo industrial?
4. Meu produto ou serviço é patenteável?
5. Quão eficaz seria uma patente no caso de meu produto ou serviço?
6. O que eu preciso fazer para proteger meu produto ou serviço com uma patente?
7. O que seria melhor para mim, uma patente ou um segredo industrial?

RESUMO

Este capítulo explicou que a maioria dos novos produtos e serviços são fáceis de imitar, especialmente por grandes empresas consolidadas. As empresas podem freqüentemente fazer engenharia reversa nos novos produtos de seus concorrentes para descobrir como eles funcionam e copiar sua funcionalidade. Elas também podem contratar os empregados da empresa inovadora para obter conhecimento tácito de como o inovador desenvolveu o novo produto ou serviço. Elas podem olhar os documentos das patentes, os trabalhos publicados, ou outras fontes escritas para reunir informações codificadas que lhes permitam imitar os novos produtos ou serviços lançados pelos empreendedores. Finalmente, as empresas consolidadas podem imitar os novos produtos e serviços que os empreendedores desenvolvem simplesmente porque estão trabalhando em projetos semelhantes, e o seu próprio departamento de pesquisa e desenvolvimento fornece as informações necessárias para a imitação.

O fato de que outras empresas, especialmente grandes empresas consolidadas, com melhor capacidade de produção e *marketing* do que as empresas emergentes, podem imitar seus novos produtos e serviços é problemático para você, como empreendedor em tecnologia, porque os lucros que você recebe por lançar um novo produto ou serviço são perdidos pela imitação. Portanto, para ter sucesso, você tem de fazer esforços concentrados para minimizar a imitação por meio de dois processos alternativos: sigilo e patenteamento.

O sigilo é um processo pelo qual você mantém sua habilidade singular de gerar um novo produto ou serviço, não permitindo que outras pessoas tenham acesso às informações sobre sua criação. O sigilo é mais eficaz como estratégia sob diversas condições: existem poucas fontes alternativas de informações, além do próprio empreendedor, para aprender como criar o novo produto ou serviço; o produto ou serviço é complexo; há um número limitado de pessoas que poderiam fazer uso de informações sobre a criação do novo produto ou serviço, de forma a fazer uma réplica dele; o conhecimento necessário para criar o produto ou serviço é tácito e o processo pelo qual o produto ou serviço é criado é pouco entendido.

Uma alternativa para o sigilo é o patenteamento. A patente é um monopólio concedido pelo governo que impede outros de fazer uma duplicação da invenção por 20 anos, em troca da revelação sobre como a invenção funciona. O patenteamento é uma ferramenta importante para o empreendedor em tecnologia, porque permite que você crie uma nova empresa e monte a cadeia de valor necessária para produzir e distribuir seu novo produto antes que os concorrentes possam imitá-lo.

Embora as patentes sejam valiosas para impedir a imitação, têm diversas limitações. O patenteamento é apenas possível para um pequeno número de tipos de produtos ou serviços. Para obter uma patente que tenha reivindicações fortes o suficiente para impedir a imitação, você tem de demonstrar que o novo produto é uma melhoria significativa sobre o anterior. Freqüentemente, são necessárias patentes múltiplas para proteger um único produto. O patenteamento é caro, especialmente devido à necessidade de buscar múltiplas patentes para proteger um dado produto e a necessidade de buscar a proteção da patente em múltiplas localizações geográficas. As patentes não são sempre muito fortes, especialmente quando as reivindicações são limitadas pela arte anterior. Elas exigem a revelação da invenção, o que pode se mostrar mais caro para você do que o benefício compensador de proteção por monopólio. As patentes não são muito eficazes em muitas indústrias, especialmente aquelas baseadas em tecnologias mecânicas e elétricas.

Agora que você entende a regra número sete do empreendedorismo em tecnologia, administrar eficazmente a propriedade intelectual, vamos analisar a regra número oito, apropriar-se dos retornos da inovação, assunto do próximo capítulo.

NOTAS

1. R. Levin, A. Klevorick, R. Nelson, and S. Winter, "Appropriating the Returns from Industrial Research and Development." *Brookings Papers on Economic Activity* 3 (1987): 783–832.
2. E. Mansfield, "How Rapidly Does Industrial Technology Leak Out?" *Journal of Industrial Economics* 34 no. 2 (1985): 217–23.
3. R. Levin, A. Klevorick, R. Nelson, and S. Winter, "Appropriating the Returns from Industrial Research and Development." op. cit.
4. Ibid.
5. Ibid.
6. S. Shane, *A General Theory of Entrepreneurship: The Individual-Opportunity Nexus* (Cheltenham, U.K.: Edward Elgar, 2003).
7. Ibid.
8. R. Nelson, and S. Winter, *An Evolutionary Theory of Economic Change* (Cambridge, MA: Belknap Press, 1982).
9. L. Zucker, M. Darby, and M. Brewer, "Intellectual Human Capital and the Birth of U.S. Biotechnology Enterprises. *American Economic Review* 88 no. 1 (1998): 290–305.
10. U.S. Department of Commerce. *General Information Concerning Patents*
11. (Washington, DC: U.S. Government Printing Office, 1992). Ibid.
12. O. Fuerst, and U. Geiger, *From Concept to Wall Street: A Complete Guide to Entrepreneurship and Venture Capital* (New York: Financial Times Prentice Hall, 2003).
13. D. Debelak, "Patent Lather," www.entrepreneur.com/article/ 0,4621,274473,00.html (accessed 2000).
14. L. Gomes, "Though a Trailblazer, Is Tivo Overreaching in Its Patent Claims?" *Wall Street Journal,* February 9, 2004, p. B1.
15. R. Levin, A. Klevorick, R. Nelson, and S. Winter, "Appropriating the Returns from Industrial Research and Development." op. cit.
16. Ibid.
17. Ibid.
18. Ibid.

Apropriar-se dos retornos da inovação

Embora obter patentes e manter sigilo sejam maneiras importantes de alcançar retornos sobre o lançamento de novos produtos e serviços, não são as únicas formas. Outros mecanismos incluem curvas de aprendizado, *lead time* (tempo de atravessamento), vantagens de ser o primeiro e ativos complementares. Embora muitos desses outros mecanismos de se apropriar dos retornos do lançamento de novos produtos e serviços funcionem melhor no caso de grandes empresas consolidadas do que para empreendedores, você precisa estar consciente da gama de alternativas disponíveis. Muitos produtos e serviços não podem ser protegidos por patentes nem por segredos industriais. Por exemplo, você pode inventar um tipo de amarração para pranchas de neve e ser incapaz de patentear esse projeto e de protegê-lo como segredo industrial.

Além disso, os mecanismos do tipo curvas de aprendizado, *lead time*, vantagens de ser o primeiro e ativos complementares são mais eficazes do que as patentes para obter os retornos de lançar novos produtos e serviços.[1] Na verdade, a pesquisa mostra que as patentes só são bem-sucedidas em capturar os retornos do lançamento de novos produtos em cerca de um terço dos casos, enquanto os ativos complementares de manufatura e *marketing* capturam mais de 43% dos casos, e o *lead time* funciona em 50% dos casos.[2]

Este capítulo discute diversas maneiras de capturar os retornos do lançamento de novos produtos e serviços, incluindo obter o controle sobre os recursos, estabelecer uma reputação, explorar as curvas de aprendizado, tornar-se o primeiro e explorar os ativos complementares em manufatura, *marketing* e distribuição. As seções discutem as condições nas quais cada uma dessas abordagens é eficaz.

OBTER O CONTROLE SOBRE OS RECURSOS

Você pode se apropriar dos retornos do lançamento de seu novo produto ou serviço obtendo o controle dos recursos necessários para criar o produto ou serviço.[3] Suponha, por exemplo, que você queira entrar no negócio de refinamento de minério de alumínio por fusão. Como o refinamento de minério de alumínio por fusão depende do acesso à bauxita, só obtida em certas minas, você pode procurar obter o controle das minas que produzem a bauxita.

Como obter o controle de recursos como a bauxita? Você poderia comprar todas as fontes de suprimento. Se você comprasse todas as minas de bauxita do mundo, ninguém mais poderia ter acesso à bauxita necessária para fazer alumínio. Naturalmente, em casos como esse, a abordagem de aquisição para obter o controle dos recursos é muito cara. As minas de bauxita não são baratas. Uma abordagem alternativa seria obter o controle por meio de contratos. Por exemplo, você poderia fazer contratos com todas as minas de bauxita para comprar toda bauxita delas. Fazendo esses contratos, você poderia manter os outros sem acesso a essa fonte de suprimento e, assim, evitar que eles obtenham os retornos dessa oportunidade.

A estratégia é identificar os recursos-chave de fornecimento para a produção do novo produto ou serviço. Embora você possa capturar os retornos do lançamento de um novo produto ou serviço obtendo o controle das fontes de suprimento, alguns insumos são alvos melhores do que outros para controle. Se o insumo for fácil de ser substituído, então essa estratégia não irá funcionar bem. Por exemplo, suponha que você não procurou controlar as principais fontes da bauxita, mas, em vez disso, procurou controlar as principais fontes do transporte da bauxita até a caldeira de fusão – os caminhões. Como as outras empresas poderiam substituir os caminhões por trens, eles poderiam facilmente driblar sua estratégia.

A estratégia também não irá funcionar bem se você não atacar os gargalos da cadeia de suprimento. Todo produto ou serviço envolve diversos insumos, alguns dos quais são fornecidos por mais fornecedores do que outros. Controlar os recursos é uma estratégia mais eficaz quando o recurso buscado é um gargalo na cadeia de suprimento. Por quê? Porque o estágio de gargalo é aquele em que é mais fácil obter o controle dos insumos do processo produtivo. Tome novamente nosso exemplo do refinamento de minério de alumínio por fusão. Seria uma idéia tola tentar obter o controle das fontes de suprimento de parafusos como forma de capturar os retornos do refinamento de minério de alumínio. Embora os parafusos certamente sejam um insumo do refinamento de minério de alumínio, e você provavelmente não possa substituí-los, o número de possíveis fornecedores de parafusos é tão grande que comprar todo seu suprimento ou mesmo fazer contrato de exclusividade com eles é uma tarefa grande demais para uma empresa.

> **PARE! NÃO FAÇA ISSO!**
>
> 1. Não tente controlar recursos que podem ser facilmente substituídos, como forma de se apropriar dos retornos do lançamento de seu produto ou serviço.
>
> 2. Não tente controlar recursos como forma de se apropriar dos retornos do lançamento de seu produto ou serviço a menos que os recursos sejam gargalos na cadeia de valor.

ESTABELECER UMA REPUTAÇÃO

Outra maneira que você pode usar para obter os retornos do lançamento de novos produtos e serviços é criando uma reputação de fornecer os melhores produtos e serviços. Ao criar um nome de marca positivo, você é capaz de gerar percepções na mente dos clientes de que seu produto ou serviço é melhor do que os oferecidos pelos concorrentes, diminuindo a tendência deles de mudar para os produtos ou serviços dos concorrentes, mesmo que possam obter esses produtos ou serviços a um preço menor.

Quanto maior for a percepção que você criar na mente dos clientes de que os produtos ou serviços dos imitadores não são bons substitutos dos seus, mais retornos você poderá obter do lançamento de novos produtos ou serviços. Quanto mais forte for essa percepção, mais difícil será de imitadores roubarem seus clientes. Por exemplo, suponha que você desenvolveu uma caldeira a vapor mais eficiente em energia. As outras empresas podem também ser capazes de desenvolver caldeiras a vapor eficientes. Entretanto, se você puder convencer as pessoas de que sua empresa é melhor do que a dos concorrentes para fornecer essas caldeiras, então os clientes não irão mudar para outro fornecedor, mesmo que este ofereça um preço inferior.

Você terá de investir na criação da reputação da sua marca, para que possa usá-la para obter os retornos do lançamento de um novo produto ou serviço. Esse investimento no desenvolvimento de uma marca pode ser pequeno, e o nome da marca pode se desenvolver lentamente por meio da propaganda boca a boca. Alternativamente, você pode fazer um grande investimento e tentar desenvolver a marca mais rapidamente. Esse investimento maior geralmente envolve custos com propaganda, o que fornece informações aos clientes sobre as qualidades do novo produto ou serviço e os convence de que essas qualidades tornam o produto ou serviço melhor do que os oferecidos pelos concorrentes.

A propaganda está sujeita a condições-chave que encarecem o esforço de construir uma marca para uma nova empresa e tornam esse tipo de mecanismo algo raro para os empreendedores (ao contrário do que acontece com as grandes empresas consolidadas) utilizarem para obter os retornos do lançamento de novos produtos. A propaganda depende muito das economias de escala. A maioria das propagandas tem um custo fixo alto relativamente a seu custo marginal – o preço de desenvolver e então veicular a propaganda no rádio, na televisão ou impressa tende a ser uma quantia fixa, a despeito de quantas unidades você solicitar. Conseqüentemente, a propaganda é muito cara por unidade, quando uma empresa está iniciando e produzindo muito poucas unidades de seu produto ou serviço. Naturalmente, mais tarde, o custo da propaganda por unidade cai à medida que o volume de produção aumenta.

Além disso, leva um tempo longo até que se consiga construir uma reputação para um nome de uma marca por meio de propaganda. A natureza da mente humana é tal que ela só consegue processar uma certa quantidade de informações de cada vez, seja de propaganda, seja de outra fonte. Conseqüentemente, as pessoas não absorvem muito de cada propaganda, cada vez que elas a vêem. Para que a propaganda seja verdadeiramente eficaz, ela exige a repetição de mensagens durante um longo período de tempo. Isso quer dizer que você tem de investir em propaganda por um tempo, antes que possa ver os benefícios desse investimento.

O efeito das economias de escala e o lento processo de persuadir as pessoas do valor de algo significam que você tem de obter quantias muito grandes de capital para conseguir usar a propaganda para construir o nome da marca de uma empresa. Também significa que muitos empreendedores inicialmente buscam capturar os retornos do desenvolvimento de novos produtos e serviços de outras maneiras que não por meio do desenvolvimento da marca e, então, mudam para o uso da reputação, uma vez que a empresa tenha crescido e esteja mais consolidada.

> PARE! NÃO FAÇA ISSO!
>
> 1. Não tente proteger seu novo produto ou serviço da imitação por meio do nome de uma marca, quando seu produto ou serviço acabou de ser lançado.
> 2. Não use a estratégia de construir o nome de uma marca, a menos que a propaganda seja eficaz como maneira de convencer os clientes de que outros produtos ou serviços não são substitutos que valham a pena.

AS CURVAS DE APRENDIZADO

As empresas melhoram a fabricação dos produtos à medida que produzem mais, porque a experiência de fazer e vender produtos fornece informações sobre como fazê-los melhor. Esse conceito, chamado de curva de aprendizado, significa que as empresas ganham vantagens da experiência. As empresas que têm mais experiência em fazer e vender um produto podem produzir e vender esse produto mais eficientemente do que os concorrentes ou podem incorporar características que os concorrentes não conseguem. Por exemplo, a Sony é capaz de produzir CD *players* de forma mais barata do que muitos novos entrantes no negócio, porque descobriu maneiras eficientes de manufaturar e vender esses produtos.

A curva de aprendizado fornece uma maneira de capturar os retornos do lançamento de novos produtos e serviços para as empresas. Em virtude de sua experiência em produzir um produto, as empresas que o têm oferecido por um longo período de tempo podem produzi-lo mais eficientemente do que as empresas que estão começando a oferecê-lo e conseguem incorporar características adicionais a tal produto.

O fato de a curva de aprendizado ser um mecanismo para capturar os retornos do lançamento de um novo produto ou serviço tem duas implicações importantes para você como empreendedor em tecnologia. Explorar a curva de aprendizado não pode ser o único mecanismo que você usa para capturar os retornos do lançamento, no momento em que estabelece sua empresa. As vantagens da curva de aprendizado, por definição, dependem da experiência. Portanto, no momento em que seu empreendimento estiver iniciando, você não deverá ter vantagens de curva de aprendizado sobre outras empresas que iniciaram ao mesmo tempo e terá uma desvantagem de curva de aprendizado em relação às empresas que iniciaram antes de você.

As vantagens da curva de aprendizado dependem muito do grau de propriedade do aprendizado. Alguns dos benefícios da experiência vazam para outras empresas em uma indústria, mesmo quando estas estão mais abaixo na curva de aprendizado. Isso quer dizer que você pode não ser capaz de explorar uma vantagem da curva de aprendizado mesmo que tenha iniciado sua empresa antes de outras empresas na indústria. Por exemplo, muitos dos novos entrantes de varejo de roupas pela Internet não conseguiram ficar na frente de entrantes posteriores. Os entrantes tardios aprenderam com as falhas das empresas com mais experiência nesse negócio sobre os problemas de tentar conseguir pessoas para comprar roupas *on-line* sem que elas pudessem prová-las. Como esse aprendizado não era exclusivo, ele não forneceu uma vantagem de curva de aprendizado aos entrantes iniciais.

Se os benefícios da experiência que vazarem para outros não puderem fornecer a base para vantagens baseadas em curva de aprendizado, então que elementos tornam a curva de aprendizado menos sujeita a vazamentos? O aprendizado baseado no conhecimento tácito. É mais difícil obter o conhecimento tácito sem produzir algo do que obter conhecimento codificado sem produzir algo, porque o conhecimento codificado está disponível nos documentos, mas o conhecimento tácito só se pode obter fazendo.

Essa é uma das razões pela qual as vantagens da curva de aprendizado freqüentemente são um dos principais mecanismos para capturar os retornos do lançamento de novos produtos na indústria aeronáutica.[4] Os engenheiros dessa indústria desenvolveram um vasto conhecimento tácito produzindo aeronaves, e esse conhecimento só está disponível para aquelas empresas que empregam esses engenheiros. A curva de aprendizado é mais forte em aeronáutica do que em biotecnologia, em que há mais aprendizado codificado, que pode ser obtido pela leitura de artigos e patentes das empresas que já operam nessa indústria. Neste último caso, a curva de aprendizado é menos eficaz como mecanismo para capturar retornos de inovações.

> **PARE! NÃO FAÇA ISSO!**
>
> 1. Não tente proteger seu novo produto ou serviço por meio de uma vantagem de curva de aprendizado, a menos que seu negócio tenha sido criado no início de uma indústria.
>
> 2. Não tente proteger seu novo produto ou serviço por meio de uma vantagem de curva de aprendizado, a menos que o aprendizado seja exclusividade em sua indústria.

A VANTAGEM DE SER O PRIMEIRO

Semelhante ao conceito da curva de aprendizado há o conceito da vantagem de ser o primeiro. Enquanto a vantagem da curva de aprendizado é um benefício que advém para quem entra cedo na indústria, por meio dos efeitos da experiência na habilidade de produzir ou vender produtos mais eficiente e eficazmente, as vantagens de ser o primeiro representam os benefícios que advêm para os que entram cedo simplesmente por serem os primeiros no mercado, mesmo que não obtenham ganhos a partir da experiência. Por exemplo, se uma nova empresa lançar um *software* de contabilidade, ela pode ter uma vantagem "por ser a primeira" porque o custo para o cliente mudar mais tarde para o produto do concorrente pode ser alto demais, permitindo assim que a empresa mantenha seus clientes, mesmo depois que os concorrentes copiem seus produtos e serviços.

As vantagens de "ser o primeiro" são muito importantes para você, como empreendedor em tecnologia, porque podem fornecer um mecanismo para capturar os retornos do lançamento de um novo produto que funciona imediatamente, desde a fundação da empresa. Portanto, diferentemente das vantagens das curvas de aprendizado e dos efeitos da reputação, as vantagens de ser o primeiro são mecanismos muito úteis para empreendedores independentes, e não somente para os executivos de grandes empresas consolidadas.

Infelizmente, ser o primeiro não é sempre uma vantagem. Ser o primeiro torna-se uma vantagem quando os produtos ou serviços se deparam com externalidades de rede. As externalidades são uma condição na qual mais valor é criado quando há mais usuários. Pense na questão dos telefones. Quanto mais pessoas usarem telefones, mais valiosos eles serão, porque se torna mais provável que você possa contatar uma pessoa por telefone.[5]

O eBay é um bom exemplo de negócio de empreendedorismo que explorou as vantagens de ser o primeiro advindo de externalidades de rede. As casas de leilão eletrônicas têm mais valor se elas tiverem mais participantes, porque com mais participantes há mais produtos para vender e mais compradores em busca desses produtos. Portanto, ao chegar primeiro nos clientes, o eBay criou uma vantagem que torna mais difícil para outras empresas concorrerem com ela quanto à atração dos clientes.

Ser o primeiro também é uma vantagem sempre que os custos de mudar de um produto para outro são altos. Tome como exemplo um *software* para computadores. Os clientes se deparam com altos custos para mudar do sistema operacional da Apple para o DOS. Uma vez que um determinado sistema operacional tenha sido escolhido, as empresas ficam presas a ele, porque suas compras de *software* dependem do sistema operacional que escolheram. Substituir um sistema operacional faz com que todo o investimento em todos os *softwares* comprados até aquele momento seja jogado fora.

Muitos produtos de *software* gráfico baseados no sistema operacional da Apple provaram ter uma vantagem por ser o primeiro, porque os clientes acharam difícil mudar para o *software* baseado no sistema operacional Windows. Os custos para mudar eram altos para os clientes, porque mudar significava mudar o *hard-*

ware. Portanto, por ser o primeiro no mercado, os produtores de *software* para plataforma Apple tinham uma vantagem sobre os entrantes tardios porque aderiam a um sistema operacional muito caro para os clientes trocarem.

Mesmo se os custos reais da mudança forem baixos, as vantagens de ser o primeiro existem quando os custos psicológicos da mudança são altos. Em geral, as pessoas percebem um custo para mudar de produto, porque elas tendem a favor do *status quo*.[6] Como as pessoas têm uma tendência pelo *status quo*, os primeiros entrantes enfrentam um custo menor em questões como propaganda para construir uma marca. A primeira empresa a desenvolver um produto gasta menos em investimento com propaganda por cliente atraído, do que as empresas seguintes. Além disso, os clientes geralmente necessitam de um bônus por mudar para um novo produto ou serviço. Assim, os produtores de um segundo produto têm de investir mais na promoção dele para obter igual reconhecimento do que os produtores do primeiro produto.[7] E, ainda mais importante, o segundo produto tem de ser mais do que apenas marginalmente melhor, em termos de qualidade e características do que o primeiro produto, para conseguir que os clientes mudem de produto. Como o primeiro se torna a referência, os clientes tendem a só querer mudar quando o segundo produto representar uma melhora significativa em relação ao produto inicial. O primeiro produto tem a vantagem de ser a escolha padrão.[8]

> PARE! NÃO FAÇA ISSO!
>
> 1. Não tente proteger seu novo produto ou serviço com uma vantagem de ser o primeiro se os custos da mudança para o cliente forem baixos.
> 2. Não seja um entrante tardio em um negócio de externalidades de rede.

ATIVOS COMPLEMENTARES

O mecanismo final que os empreendedores precisam considerar, na captura dos retornos do lançamento de novos produtos e serviços, são os *ativos complementares*. São os ativos, tais como pontos de distribuição e unidades de manufatura, usados juntamente com um novo produto ou serviço.[9]

Os ativos complementares permitem às empresas vender seus produtos e serviços com sucesso mesmo se forem menos inovadores do que os produtos e serviços dos concorrentes. Analise as vendas de automóveis como exemplo. A Hyundai pode ser mais inovadora do que a General Motors, mas a General Motors pode vender mais veículos nos Estados Unidos do que a Hyundai.

A Hyundai tem falta de revendedores (um ativo complementar aos produtos inovadores para automóveis) em muitas partes dos Estados Unidos. Conseqüentemente, a General Motors pode vender um produto menos inovador do que a Hyundai, simplesmente porque seus ativos complementares são melhores.

Em geral, os ativos complementares não são algo que você, como empreendedor em tecnologia, possa explorar no seu novo produto ou serviço. Você e outros empreendedores em tecnologia não terão ativos complementares de manufatura e *marketing* disponíveis ao criarem suas empresas, enquanto que seus concorrentes das empresas consolidadas provavelmente terão esses ativos disponíveis. Portanto, as empresas consolidadas geralmente são as beneficiárias do uso dos ativos complementares na captura dos retornos do lançamento de novos produtos e serviços.

Embora seja pouco provável que você se beneficie da exploração dos ativos complementares, entender o uso deles para a captura dos retornos do lançamento de novos produtos é importante, porque isso explica um possível fracasso na tentativa de concorrer com as grandes empresas consolidadas, mesmo que você tenha produtos inovadores que agradem aos clientes.

Para entender por que as novas empresas com produtos inovadores freqüentemente perdem na concorrência com grandes empresas consolidadas que controlam os ativos complementares em *marketing* e distribuição, você primeiro tem de entender o problema da imitação. Como explicamos no capítulo anterior, produtos inovadores são facilmente imitáveis. As patentes são uma maneira de evitar essa imitação, mas somente em algumas situações. Em setores como o da biotecnologia, quando as patentes oferecem reivindicações de escopo amplo que evitam a imitação, você e outros empreendedores em tecnologia podem lançar novos produtos e serviços com sucesso. Quando a proteção por patente é forte, a patente cria uma barreira à imitação por outras empresas.[10]

A situação é mais complicada quando a proteção por patente for fraca. Esse é o caso em muitas indústrias, como a eletrônica, na qual as patentes são facilmente contornadas. Aqui sua habilidade de iniciar uma empresa e de lucrar com o lançamento de novos produtos ou serviços depende muito do fato de a indústria ter ou não um projeto dominante – uma maneira comum de todos os produtos ou serviços serem projetados em uma indústria.[11]

Se a indústria ainda não convergiu para um projeto dominante, então é difícil de dizer se sua nova empresa irá capturar os retornos do lançamento de um novo produto ou serviço. O sucesso antes de haver um projeto dominante disponível depende de quais projetos de produto serão favorecidos por diferentes nichos de mercado e que projeto, por fim, se torna dominante. Se você criar um projeto que é bem-sucedido em um nicho de mercado valioso, ou um projeto que se torne o projeto dominante, então você pode capturar os retornos do lançamento de novos produtos ou serviços.[12]

A história é muito diferente se a indústria já convergiu para um projeto dominante, mas a proteção por patente é fraca. A fraca proteção por patente significa que é muito fácil para uma grande empresa consolidada imitar seu (ou de qualquer outro empreendedor) novo produto ou serviço. Como há um projeto dominante nessa indústria, os produtos e serviços que as empresas produzem são muito semelhantes. Sob essas condições, o sucesso em uma indústria depende fortemente de quem tem o melhor *marketing* ou manufatura. O melhor *marketing* e a melhor manufatura permitem que a empresa produza de forma mais barata uma versão do produto muito semelhante ao oferecido pelos concorrentes.

É aí que os ativos complementares se tornam importantes. As empresas que têm sob seu controle instalações de manufatura e pontos de distribuição têm mais condições de se beneficiar do lançamento de novos produtos ou serviços. Diferentemente de empresas novas, as quais primeiramente precisam obter o controle da manufatura e da distribuição para lançar um novo produto ou serviço, as empresas consolidadas podem explorar seus ativos de manufatura e distribuição para o lançamento de forma mais barata ou mais eficaz do que as empresas novas. Assim, desde que as empresas consolidadas possam imitar os produtos que as empresas novas lançam, elas têm uma vantagem sobre estas quanto a fornecer esses produtos aos clientes.[13]

As indústrias onde a proteção por patente é fraca e as empresas convergiram para um projeto de produto dominante não são muito favoráveis para as novas empresas. Entretanto, ainda é possível você ter sucesso nessas indústrias. Para ser bem-sucedido, você precisa obter o controle de ativos complementares tão rapidamente quanto possível. Como você pode fazer isso? Terceirizando. Construí-los a partir do zero geralmente leva tempo demais.[14]

Se os ativos complementares não forem especializados, essa estratégia pode funcionar. Por exemplo, se o *marketing* e os pontos de distribuição forem genéricos – qualquer loja do varejo serve – então você pode geralmente fazer um contrato com alguém para distribuir o novo produto ou serviço. Então, a menos que a empresa consolidada tenha o *marketing* e os pontos de distribuição muito melhores do que os que você contratou, você tem uma chance de concorrer.

Entretanto, se os ativos complementares forem especializados, então essa estratégia tem pouca chance de ser bem-sucedida. Os ativos complementares especializados são usados juntamente com o novo produto ou serviço, mas não são genéricos. Um bom exemplo de um ativo complementar especializado é uma parte do equipamento de produção que só pode ser usado para produzir um determinado produto.

O problema de terceirizar ativos especializados como estratégia para obter o seu controle é que é difícil assinar um contrato em que alguém vá manufaturar ou distribuir um produto para você se tiver de realizar um investimento especializado. Por quê? Uma vez que faça esse investimento, o fornecedor se torna dependente de sua empresa – acabar de fazer um investimento no que você faz – e essa dependência o torna vulnerável a suas ações oportunistas. Você estaria em uma posição muito boa para exigir um negócio mais favorável, explorando a dependência deles. Conseqüentemente, na maioria dos casos em que os ativos complementares são especializados, as empresas têm dificuldades para controlá-los por meio da terceirização, e são obrigadas a adquiri-los.[15]

> **PARE! NÃO FAÇA ISSO!**
>
> 1. Não tente iniciar uma empresa em uma indústria de fraca proteção por patente e onde haja um projeto dominante. Você provavelmente vai fracassar.
>
> 2. Não tente terceirizar ativos complementares especializados. Você terá dificuldades para encontrar um parceiro.

Essa necessidade de adquirir os ativos destrói o seu esforço de estabelecer uma nova empresa. As novas empresas raramente conseguem obter capital suficiente para constituir um sistema eficiente de *marketing* ou manufatura, quando de sua fundação, e mesmo que consigam, geralmente não conseguem resolver as complicações na operação desses novos sistemas com a rapidez necessária para concorrer com as empresas consolidadas.

Um bom exemplo dessa situação é a indústria automobilística. A manufatura e a distribuição na indústria automobilística são controladas pelos principais fabricantes. A proteção por patente é relativamente fraca porque a maior parte dos componentes do automóvel são dispositivos mecânicos ou elétricos. Existe um projeto dominante no projeto da combustão interna. Além disso, a produção de automóveis envolve equipamentos de manufatura especializados. Conseqüentemente, quase nunca vemos a criação de novas empresas bem-sucedidas no lançamento de novos produtos ou serviços na indústria automobilística.

PERGUNTAS PARA FAZER A SI MESMO

1. Qual será a vantagem competitiva de meu novo negócio?
2. Será que obter o controle dos recursos irá me ajudar a capturar os retornos do lançamento de meu novo produto ou serviço?
3. Será que estabelecer uma reputação irá me ajudar a capturar os retornos do lançamento de meu novo produto ou serviço?
4. Será que eu serei capaz de capturar os retornos do lançamento de meu novo produto ou serviço por ser o primeiro no mercado?
5. Será que eu serei capaz de capturar os retornos do lançamento de meu novo produto ou serviço por mover-me para cima na curva de aprendizado, adiante dos meus concorrentes?
6. Será que serei capaz de obter o controle dos ativos complementares, ou irei fracassar em capturar os retornos do lançamento de meu novo produto ou serviço porque as grandes empresas consolidadas controlam os ativos complementares de que necessito?

RESUMO

Além do uso de patentes e de sigilo, descritos no capítulo anterior, as empresas capturam os retornos do lançamento de novos produtos e serviços por meio de controle de recursos, da reputação do nome de uma marca, da exploração das curvas de aprendizado, das vantagens de ser o primeiro e do controle de ativos complementares na manufatura e em *marketing*. Este capítulo explicou como cada um desses mecanismos de apropriação afetam o empreendedor em tecnologia que busca estabelecer uma nova empresa de sucesso.

Controlar os recursos é uma estratégia na qual você compra os recursos existentes ou faz contratos com as fontes de suprimentos para produzir o novo produto ou serviço. Essa estratégia é mais eficaz quando há um gargalo no processo produtivo, tornando um recurso crucial e raro.

Estabelecer uma reputação é uma estratégia na qual você investe em propaganda para criar uma marca. O nome da marca impede os clientes de mudar para os produtos dos concorrentes por criar a percepção de que o produto do empreendedor tem características dignas de um custo maior. Entretanto, como a propaganda leva um tempo para funcionar e está sujeita a economias de escala, esse método de capturar os retornos do lançamento de novos produtos e serviços não funciona bem para a maioria dos empreendedores em tecnologia.

Explorar a curva de aprendizado é uma estratégia na qual uma empresa se move na frente das outras em termos de eficiência, como resultado do aprendizado obtido por meio do processo de entrega de um produto ou serviço. Explorar a curva de aprendizado é mais eficaz como estratégia quando o empreendedor entra cedo na indústria e quando o conhecimento adquirido da experiência for exclusivo. Entretanto, explorar a curva de aprendizado provavelmente não será uma estratégia eficaz para capturar os retornos do lançamento de um novo produto ou serviço quando você recentemente iniciou sua empresa.

Ser o primeiro em uma indústria é uma estratégia na qual você se beneficia de ser o primeiro fornecedor de um produto ou serviço, mesmo quando não há nada para ganhar. Ser o primeiro em uma indústria pode ser uma vantagem ou uma desvantagem. É uma vantagem quando existem externalidades de rede e quando os custos reais ou psicológicos para mudar são altos. Ser o primeiro em uma indústria pode ser uma estratégia eficaz para capturar os retornos do lançamento de um novo produto ou serviço quando você recentemente iniciou sua empresa.

A estratégia final envolve explorar os ativos complementares – usados em conjunto para entregar um novo produto ou serviço – como base da vantagem competitiva da empresa. Essa estratégia é mais eficaz quando a proteção por patente em uma indústria for fraca, e a indústria convergiu para um projeto dominante. Em geral, como empreendedor em tecnologia, você terá dificuldades para concorrer em indústrias nas quais os ativos complementares são importantes, porque você provavelmente não terá esses ativos disponíveis no momento em que sua empresa for criada. Se esse ativos não forem especializados, então você pode terceirizá-los e às vezes concorrer com as empresas consolidadas. Entretanto, quando os ativos complementares são especializados, você virtualmente não tem chance de sucesso, porque não poderá obter o controle desses ativos por meio de terceirização, ficando sem alternativa para obter esses ativos antes que as empresas consolidadas imitem seu novo produto ou serviço.

Agora que você entende a regra número oito do empreendedorismo em tecnologia, apropriar-se dos retornos da inovação, vamos analisar a regra número nove, escolher a forma de organização adequada, assunto do próximo capítulo.

NOTAS

1. W. Cohen, R. Nelson, and J. Walsh, "Protecting Their Intellectual Assets: Appropriability Conditions and Why U.S. Manufacturing Firms Patent (or Not)." *NBER Working Paper,* No. 7552, 2000.
2. Ibid.

3. S. Shane, *A General Theory of Entrepreneurship: The Individual-Opportunity Nexus.* (Cheltenham, U.K.: Edward Elgar, 2003).
4. R. Levin, A. Klevorick, R. Nelson, and S. Winter, "Appropriating the Returns from Industrial Research and Development." *Brookings Papers on Economic Activity* 3 (1987): 783–832.
5. C. Shapiro, H. Varian, "The Art of Standard Wars." *California Management Review* (winter 1999): 8–32
6. K. Sandberg, "Rethinking the First Mover Advantage." *Harvard Management Update* 6 no. 5 (2001): 1–4.
7. R. Kerin, P. Varadarajan, and R. Peterson, "First Mover Advantage: A Synthesis, Conceptual Framework, and Research Propositions." *Journal of Marketing* 56 (1993): 33–52.
8. M. Mellahi, and M. Johnson, "Does It Pay to Be a First Mover in E.commerce?" *Management Decision* 38 no. 7 (2000): 445–52.
9. D. Teece, "Profiting from Technological Innovation: Implications for Integration, Collaboration, Licensing and Public Policy," in *The Competitive Challenge*, ed. D. Teece (Cambridge, MA: Ballinger, 1987).
10. Ibid.
11. Ibid.
12. Ibid.
13. Ibid.
14. Ibid.
15. Ibid.

9
Escolher a forma adequada de organização

A maioria das pessoas crê que empreendedorismo significa criar uma nova empresa que dê conta de seu próprio desenvolvimento, produção e distribuição. Embora seja verdade que os empreendedores freqüentemente usam abordagens hierárquicas para explorar oportunidades, criando novas organizações que sejam donas de todos os estágios da cadeia de valor – desde a compra de suprimento até o *marketing* e a distribuição – você também pode explorar oportunidades com mecanismos relacionados ao mercado, tais como licenciamento ou alianças estratégicas. Por exemplo, as empresas emergentes em biotecnologia costumam se associar com grandes empresas farmacêuticas, seja por meio de licenciamento ou por alianças estratégicas nas quais a produção do remédio propriamente dita, e até mesmo o desenvolvimento e a aprovação pela FDA, é realizada pelas empresas farmacêuticas. Portanto, uma pergunta que você deve considerar ao querer se tornar um empreendedor em tecnologia é: Qual é o modo adequado de explorar minha oportunidade?

Em geral, diversos conjuntos diferentes de fatores afetam essa decisão: custo, velocidade, capacidades e informações.[1] As seções deste capítulo examinam cada um desses quatro conjuntos de fatores. Começamos com o custo de exploração.

CUSTO DE EXPLORAÇÃO

Suponha que você descobriu uma oportunidade de lançar uma nova pinça para tecidos para uso em cirurgia, mas não possui os milhões de dólares necessários para conseguir a aprovação da FDA para o novo dispositivo cirúrgico. Embora possa pedir emprestado a um *angel investor** ou a um capitalista de risco, você pode optar por licenciar a invenção para uma empresa consolidada de dispositivos médicos.

---

* N. de R.T.: Investidor que entra com capital na fase inicial do negócio, com alto risco e visando alto retorno.

O licenciamento é uma forma de explorar a oportunidade quando esse custo é alto e você não tem o capital necessário. Na verdade, os empreendedores em tecnologia que têm menos capital ou menos capacidade de levantar o dinheiro tendem a usar modos de explorar a oportunidade baseados no mercado, mais do que outros empreendedores em tecnologia.

Além disso, as formas de exploração da oportunidade baseadas no mercado são especialmente importantes quando as oportunidades tecnológicas que você deseja explorar são de capital intensivo. A falta de fluxo de caixa de atividades correntes significa que você terá de obter capital dos mercados financeiros. Como você sabe muito mais sobre sua idéia de negócio do que qualquer potencial investidor, terá de pagar um ágio de risco aos investidores, para compensá-los pela assimetria de informações entre você e eles. Esse ágio de risco significa que o capital levantado externamente é mais caro do que o capital levantado internamente. Esse custo a mais do capital se torna mais problemático quando sua necessidade de capital aumenta. Conseqüentemente, você deve procurar usar modos de exploração da oportunidade orientados pelo mercado, à medida que a intensidade de capital do processo produtivo aumenta.[2]

PARE! NÃO FAÇA ISSO!

1. Não tente adquirir toda a cadeia de valor se a exploração de sua oportunidade for cara.
2. Não tente possuir toda a cadeia de valor se você tiver falta de capital.

ACELERAR O PASSO EM DIREÇÃO AO MERCADO

Outro motivo para usar modos orientados a mercado de explorar a oportunidade é diminuir o tempo para entrar no mercado. Freqüentemente, as oportunidades para empreendimentos têm vida curta, porque dependem de uma mudança externa que rapidamente se fecha. Avalie, por exemplo, a oportunidade para uma nova urna eletrônica identificada a partir dos problemas ocorridos nas eleições presidenciais americanas de 2000. A natureza desse problema e a freqüência das eleições determinam que quem quisesse vender novas urnas eletrônicas teria de desenvolver um novo produto e vendê-lo em um período de tempo relativamente curto. Devido ao tempo que leva para criar uma cadeia de valor, estabelecer toda a cadeia de valor para a urna eletrônica a partir do zero pode levá-lo a perder a janela da oportunidade, se você iniciou uma empresa para isso. Para evitar esse problema, você poderia estabelecer a cadeia de valor por meios contratuais. Como contratar permite que a cadeia de valor seja montada mais rapidamente do que criando os ativos da cadeia de valor por meio de um modo de operação hierárquico, isso permite aproveitar a janela da oportunidade.

Você também pode usar os modos contratuais para explorar oportunidades quando há razões para entrar rapidamente no mercado, mesmo quando a oportunidade tem vida longa. Por exemplo, os empreendedores freqüentemente usam os modelos terceirizados de exploração de oportunidades quando há vantagens em ser o primeiro em uma indústria. Usando modos contratuais de exploração, tais como licenciamento e alianças estratégicas, você pode chegar ao mercado antes que os concorrentes, em indústrias com externalidades de rede e altos custos de mudanças. Como foi explicado antes, a rápida entrada no mercado freqüentemente é muito benéfica nesses tipos de indústrias.

> PARE! NÃO FAÇA ISSO!
>
> 1. Não tente adquirir toda a cadeia de valor quando sua oportunidade de negócio for de vida curta.
> 2. Não tente possuir toda a cadeia de valor quando há vantagens em ser o primeiro nessa indústria.

FAZER USO DAS MELHORES CAPACIDADES

Outra razão para usar modos contratuais de explorar oportunidades é que você pode não ter as melhores capacidades para explorar a oportunidade. Por exemplo, as empresas consolidadas freqüentemente têm melhores capacidades de *marketing* e manufatura, ou conhecimento do cliente, do que você. (Essa naturalmente foi a questão a respeito dos benefícios dos ativos complementares na exploração de oportunidades, feita no capítulo anterior). Se esse for o caso, você pode ser capaz de colher maiores lucros licenciando a oportunidade para uma empresa consolidada. Não só o licenciamento da oportunidade reduz o custo da exploração, dado que a firma consolidada será mais eficiente e eficaz em explorá-la do que você, mas também esse arranjo reduz a necessidade de criar ativos duplicados.[3] A empresa consolidada provavelmente não terá de estabelecer novos pontos de vendas nem uma nova unidade fabril para beneficiar-se da oportunidade, mas você teria de duplicar o investimento nesses ativos se explorasse a oportunidade diretamente. Portanto, o licenciamento é uma idéia muito boa se perceber que suas capacidades de exploração são inferiores às das empresas existentes.

Um bom exemplo dessa situação é o licenciamento de tecnologias por inventores da universidade. Qualquer pessoa que passou, mesmo que alguns momentos, em um departamento de ciência ou engenharia de uma das grandes universidades que trabalham com pesquisa, irá logo perceber que a maioria dos docentes não sabe muito sobre como criar novas empresas de tecnologia. Como regra, eles quase sempre sabem menos do que os gerentes das empresas consolidadas sobre coisas do tipo: como persuadir os clientes a comprar os produtos, gerenciar empregados e criar unidades de produção. Conseqüentemente, a maioria dos inventores da universidade será mais bem-sucedida licenciando suas invenções para empresas consolidadas em vez de iniciar sua própria empresa.

Há um importante *trade-off* aqui. Em muitos casos, o conhecimento a respeito da maneira de desenvolver um novo produto ou serviço é tácito e está na cabeça do inventor. Conseqüentemente, é muito difícil desenvolver um novo produto ou serviço sem o envolvimento do inventor. Nessas circunstâncias, os inventores freqüentemente se tornam empreendedores mesmo tendo menos capacidades do que os gerentes de empresas consolidadas. Sem o envolvimento do inventor, a invenção simplesmente não pode ser transformada em um novo produto ou serviço, e a necessidade de envolver inventores supera a importância de fortes capacidades no desenvolvimento do negócio.

A NATUREZA DA TECNOLOGIA

Alguns tipos de tecnologias podem ser exploradas mais eficazmente por modos hierárquicos de exploração – isto é, uma única empresa possuindo o desenvolvimento de produtos, a produção e a distribuição – enquanto que outros podem ser explorados mais eficazmente por modos contratuais (como licenciamento ou alianças estratégicas). Em especial, os pesquisadores identificaram as dimensões cruciais das tecnologias que as tornam mais adequadas para um ou outro modo. Os modos contratuais de exploração são mais eficazes quando as tecnologias são discretas (coisas que podem ser usadas isoladamente, como um medicamento, por exemplo), enquanto que os modos hierárquicos são mais eficazes quando as tecnologias são sistêmicas (coisas que só podem ser usadas em conjunto com outras, tais como um *software* de computador). Como as tecnologias sistêmicas exigem uma coordenação ao longo dos diferentes componentes, os modos hierárquicos de exploração de oportunidades, os quais ajudam a garantir que as entidades que produzem os componentes estão coordenadas, são úteis. Por exemplo, se você pensa em desenvolver um videogame que tem tanto componentes de *hardware* como de *software*, você provavelmente irá querer usar uma abordagem hierárquica, na qual a sua empresa seja a dona da produção tanto do *hardware* quanto do *software*. Se você só fosse dono da parte do *hardware* e contratasse outra pessoa para produzir o *software*, você poderia ter problemas para garantir a aderência correta do *software* ao seu *hardware*.[4]

Quando as tecnologias se baseiam em conhecimento codificado, em oposição ao conhecimento tácito, os modos de exploração baseados no mercado são mais eficazes. Por quê? Porque os contratos podem ser escritos mais fácil e eficazmente quando o conhecimento está codificado do que quando ele é tácito. A fim de coordenar organizações independentes no processo de desenvolvimento de uma tecnologia, a habilidade de escrever contratos exigíveis é uma pré-condição importante. Caso a informação não possa ser codificada, os contratos se tornam problemáticos, porque será difícil para os dois lados cobrar qualquer acordo que tenham feito, isso se eles conseguirem chegar a algum acordo.[5]

> PARE! NÃO FAÇA ISSO!
> 1. Não tente explorar sua oportunidade sozinho se você tem menos capacidades do que as empresas existentes.
> 2. Não licencie a oportunidade quando as habilidades principais para explorar o novo produto ou serviço são tácitas e, portanto, residem apenas em sua própria cabeça.

Avalie, por exemplo, a idéia de um negócio para produzir uma nova combinação de materiais. Se você não conseguir codificar como irá fazer o material, terá dificuldades para licenciar essa nova tecnologia. Qualquer um que for comprar a tecnologia irá querer saber como produzir o material, e não terá o conhecimento tácito que você tem para fazê-lo. Além disso, se você não conseguir codificar o processo, será muito difícil especificar o custo. Sem especificar o custo, a maioria dos compradores ficará muito relutante até para assinar esse contrato.

Onde existirem padrões técnicos, os mecanismos de exploração de oportunidades baseados no mercado são mais viáveis do que em espaços nos quais tais padrões inexistem, pois os padrões técnicos facilitam a coordenação da atividades entre as empresas independentes.[6] Por quê? Porque as empresas independentes podem ficar tranqüilas que qualquer um com quem precisem se coordenar estará aderindo aos padrões que tornam seus produtos compatíveis. Portanto, você pode iniciar uma empresa para produzir aplicativos de *software*, hoje, sem ter de possuir a empresa que produz o *software* do sistema que irá executar o aplicativo. Agora existem padrões técnicos para *software* de sistemas operacionais que lhe permitem contratar fornecedores desse *software* sem correr o risco de incompatibilidade.

Quando os ativos complementares são especializados, os modos hierárquicos de explorar as oportunidades são mais eficazes. Uma das principais dimensões de um negócio, que as empresas têm de decidir se vão integrar verticalmente, são os ativos de manufatura e *marketing*. Se os ativos complementares não forem especializados para o objetivo para o qual eles serão usados, então é mais barato e menos arriscado contratá-los. Por exemplo, geralmente é mais barato contratar uma empresa de entregas para entregar o seu produto do que comprar caminhões para o mesmo propósito. Entretanto, se os ativos complementares forem especializados, digamos equipamento de produção que tem de ser customizado para fazer o seu produto, você terá de adquiri-los. Como você certamente se lembra, no capítulo anterior vimos que as pessoas não farão comprometimentos irreversíveis no caso de ativos especializados, por que terão medo de que parceiros oportunistas possam se aproveitar da situação.[7]

PARE! NÃO FAÇA ISSO!

1. Não use terceirização quando a tecnologia na qual seu novo produto ou serviço se baseia é sistêmica.
2. Não use terceirização quando não há um padrão técnico para seu novo produto ou serviço.

COMO ADMINISTRAR PROBLEMAS COM INFORMAÇÕES NA ORGANIZAÇÃO

Você também terá de considerar problemas com informações quando escolher entre possuir as diferentes partes da cadeia de valor e terceirizá-las. Dependendo da natureza do negócio, os problemas com informações dos modos contratuais, às vezes, pesam mais do que os problemas com informações dos modos hierárquicos. Quando esse for o caso, será melhor você adotar os modos hierárquicos; quando o contrário ocorrer, adotar os modos contratuais.

Um tipo de problema com informações que torna importante possuir as diferentes partes da cadeia de valor é o problema da revelação. Conforme explicamos no Capítulo 7, você precisa manter em segredo as informações sobre a sua oportunidade, para evitar que outras pessoas imitem seu novo produto ou serviço. Um dos problemas de usar contratos para obter o controle da manufatura ou dos pontos de distribuição é que, para estabelecer um contrato com outra pessoa, você terá de revelar seus segredos para ela. Essa necessidade de divulgar informações, freqüentemente, cria o que o economista Kenneth Arrow, vencedor do Prêmio Nobel, chamou de *paradoxo da revelação*. Se você quer licenciar a tecnologia para um fabricante e quer que essa empresa fabrique seu produto, precisa dizer ao fabricante o que a nova tecnologia faz. Mesmo porque, o fabricante não vai querer fazer um contrato em que ele pague pela nova tecnologia sem a evidência de que ela tem valor. Infelizmente, seus esforços para fornecer evidências ao fabricante de que sua nova tecnologia tem valor irão revelar ao comprador como a tecnologia funciona, o que tornará possível que seu fabricante saiba o que você sabe. Uma vez que o fabricante possui esse conhecimento, ele não tem mais motivos para pagá-lo para você licenciar seu conhecimento – você acabou de fornecê-lo de graça! Portanto, há um paradoxo de revelação.[8]

Embora os problemas de revelação possam ser diminuídos de várias maneiras, a melhor maneira de fazê-lo é por meio de patentes. Como as patentes impedem que um potencial comprador de seu conhecimento faça uma imitação de seu produto ou serviço sem uma licença sua, elas permitem revelar a invenção para um potencial comprador sem o risco de ter o seu valor apropriado sem compensação por parte dele. Naturalmente, a redução desse risco facilita o uso dos modos orientados a mercado de exploração de oportunidades, tais como licenciamento.

Outros problemas com informações aumentam sua habilidade de usar modos contratuais em vez de modos hierárquicos de exploração da oportunidade. Por exemplo, suponha que você desenvolveu uma nova tecnologia para fazer óculos. Você pode optar por usar um modo contratual de exploração da oportunidade, tal como o sistema de franquias, para impedir má contratação e problemas morais. O potencial de uma má contratação – potenciais empregados aumentando suas qualidades para ganhar o emprego, por exemplo – torna o sistema de franquias uma boa abordagem para explorar o negócio.

Os gerentes das óticas geralmente são pagos com salários. Por essa razão, um candidato à gerência de uma ótica tem um incentivo para dizer ao potencial empregador que é melhor do que realmente é, para obter o emprego. Se a pessoa acabar se mostrando apenas um gerente de loja médio e assim gerar apenas metade da receita que geraria um gerente acima da média, essa pessoa não pagaria nenhum custo desse resultado. Essa pessoa receberá o mesmo salário do que se ela fosse um gerente acima da média. Toda a variação de desempenho da ótica, vinculada à diferença entre ter um gerente abaixo ou um gerente acima da média, sai do bolso do dono da loja.

Esse problema é diminuído pelo sistema de franquias. Como o franqueado tem de investir para comprar o ponto que irá administrar, e então recebe compensação dos seus lucros ao administrar o ponto de revenda, essa pessoa não tem um incentivo para dizer que é melhor do que realmente é. Como as pessoas apenas com experiência e habilidades médias só receberão lucros médios ao operar uma ótica franqueada, eles estarão menos inclinados a comprar uma franquia de ótica do que as pessoas com experiência e habilidades acima da média, as quais irão receber lucros acima da média ao operar essa loja.[9] Portanto, o uso do sistema de franquias permite superar o problema da má contratação e encontrar melhores operadores de pontos de venda do que se você não usasse franquias.

Ao criar sua empresa, você também enfrenta o problema de empregados que se esforçam pouco. Quando as pessoas não recebem nenhuma compensação adicional por esforçar-se mais no trabalho, elas freqüentemente não se esforçam tanto quanto poderiam. Isso geralmente acontece quando as pessoas recebem um salário que não está diretamente relacionado ao seu esforço no trabalho ou ao efeito de seus esforços sobre os lucros. Os modos contratuais de exploração de oportunidades, como o sistema de franquias, diminuem o problema de pouco esforço no trabalho, porque são um incentivo para que seus empregados busquem melhores resultados no trabalho. Ao substituir o salário do empregado por uma participação nos lucros, o sistema de franquias vincula a compensação que você paga aos funcionários aos seus esforços, o que dá a eles um incentivo. Assim, você pode usar os modos contratuais de exploração de oportunidades para reduzir o problema de se esforçar pouco no trabalho.[10]

Por outro lado, os modos contratuais de exploração de oportunidades aumentam o problema da "carona". A carona é a tendência de uma das partes deixar todas as outras realizarem o trabalho necessário para receber um benefício. Um bom exemplo de carona é a tendência dos proprietários de uma cadeia de óticas que operam com o mesmo nome de marca, de deixar os outros realizarem a propaganda que promove a cadeia aos clientes.

Quando só existe uma loja em um mercado de propaganda, o dono dessa loja vai querer fazer propaganda da cadeia. Por quê? Porque os benefícios da propaganda, que vêm na forma de vendas adicionais, serão obtidos pelo proprietário da loja. No entanto, se a ótica for uma rede que pertence a diversas pessoas, a situação não é tão simples. Neste último cenário, cada dólar gasto na propaganda ainda irá atrair o mesmo número de clientes, mas agora cada dono de loja tem a oportunidade de obter clientes sem pagar pela propaganda. Se os proprietários de todos os outros pontos de venda da rede pagarem pela propaganda, então o proprietário remanescente pode beneficiar-se por pegar carona nos esforços deles.

Como os clientes irão para o ponto de venda que lhes for mais conveniente, independentemente de quem pagou pela propaganda, o proprietário que não pagou ainda irá receber sua parcela de clientes. Entretanto, agora ele irá obter esses clientes sem pagar pela propaganda, que é a maneira mais rentável de obter clientes. O incentivo para cada um dos operadores dos pontos de venda de pegarem carona é diminuído se todos os pontos de venda pertencerem à mesma empresa, e os pontos de venda forem administrados por empregados. Como os empregados não irão se beneficiar por pegar carona, eles não terão nenhum incentivo para fazê-lo. Por que fazer algo que não é socialmente aceitável se você não tem nenhum benefício por fazê-lo? Portanto, os empregados que administram as lojas não irão tentar deixar de pagar a propaganda, o que torna os modos não-contratuais de exploração de oportunidades mais eficazes do que os modos contratuais, nessa situação.

Outro problema que reduz a probabilidade de que uma empresa use uma forma contratual de exploração de oportunidades é chamado de "*holdup*" (assalto). Essa é uma situação na qual uma parte se aproveita das vulnerabilidades da outra parte para renegociar um acordo em seu benefício. Um exemplo de *holdup* ocorre quando uma empresa que licencia uma tecnologia exige que o licenciado invista em um equipamento de manufatura muito específico, que só pode ser usado para produzir o produto do licenciador. Então o licenciador exige que o licenciado concorde com melhores termos no acordo, digamos uma taxa de *royalty* maior. Como a única alternativa do licenciado é dar por perdido seu investimento no equipamento específico ou então pagar a taxa de *royalty* mais alta, ele irá aceitar os novos, e piores, termos do contrato. Mesmo porque, aceitar os novos termos ainda é melhor do que descartar o investimento.[11] Como os potenciais licenciados têm medo da possibilidade de *holdup*, eles freqüentemente relutam em trabalhar com potenciais licenciadores. Conseqüentemente, se você pretende pedir que seus licenciados invistam em equipamento especializado, você terá dificuldades para atrair parceiros licenciados. Nessas circunstâncias, é melhor utilizar modos hierárquicos para exploração das oportunidades.

PARE! NÃO FAÇA ISSO!

1. Não revele o valor de seu novo produto ou serviço a um potencial parceiro, a menos que esteja protegido por uma patente.
2. Não use terceirização quando os problemas de *holdup* e de pegar carona são maiores do que os problemas de má contratação e de pouco esforço no trabalho em seu negócio.

PERGUNTAS PARA FAZER A SI MESMO

1. A minha oportunidade é cara demais para eu explorá-la como dono de toda a cadeia de valor?
2. Será que tenho tempo para desenvolver a cadeia de valor por minha conta ou preciso chegar ao mercado rapidamente para poder criar a cadeia de valor do zero?
3. Será que tenho as capacidades para explorar a oportunidade sozinho?
4. A minha tecnologia é do tipo que pode ser explorada facilmente através de terceirização?
5. Os problemas com informações criados por terceirizar são maiores ou menores do que os criados por possuir toda a cadeia de valor?

RESUMO

Este capítulo explicou que você não precisa sempre criar uma nova empresa que seja proprietária de todos os estágios da cadeia de valor, desde o desenvolvimento do produto, manufatura e até a distribuição, como forma de explorar uma oportunidade. Você também pode usar os modos contratuais, como licenciamento e alianças estratégicas. Os modos contratuais de exploração de oportunidades são bons de usar quando a exploração das oportunidades é cara e quando você precisa explorar oportunidades rapidamente, e não tem tempo para criar a cadeia de valor do zero. É uma boa idéia usar modos contratuais quando você não tem as capacidades para explorar as oportunidades por si mesmo. Você deve usar modos hierárquicos de exploração de oportunidades quando as tecnologias que está explorando são sistêmicas, baseadas em conhecimento tácito, não há padrões técnicos e em que os ativos complementares são especializados. Finalmente, você deve usar modos hierárquicos de exploração de oportunidades quando os problemas com informações de revelação, *holdup*, e de pegar carona são dominantes, e usar modos contratuais de exploração quando os problemas de informações de má contratação de funcionários e de fugas do trabalho são dominantes.

Agora que você entende a regra número nove do empreendedorismo em tecnologia, escolher a forma adequada de organização, vamos para a regra número dez, administrar os riscos e as incertezas, assunto do próximo capítulo.

NOTAS

1. S. Venkataraman, "The Distinctive Domain of Entrepreneurship Research: An Editor's Perspective," in *Advances in Entrepreneurship, Firm Emergence, and Growth*, J. Katz and R. Brockhaus, ed. 3: 119–38 (Greenwich, CT: JAI Press, 1997).
2. D. Evans, and L. Leighton, "Some Empirical Aspects of Entrepreneurship." *American Economic Review* 79 (1989): 519–35.
3. D. Teece, "Profiting from Technological Innovation: Implications for Integration, Collaboration, Licensing, and Public Policy" *Research Policy,* 15 (1986): 286–305.
4. H. Chesborough and D. Teece, "When is Virtual Virtuous?" *Harvard Business Review* (January–February): 65–73.
5. D. Audretsch, "Technological Regimes, Industrial Demography and the Evolution of Industrial Structures." *Industrial and Corporate Change* 6 (1997): 49–82.
6. H. Chesborough and D. Teece. "When Is Virtual Virtuous?" op. cit.
7. Ibid.
8. K. Arrow, "Economic Welfare and the Allocation of Resources for Inventions," In *The Rate and Direction of Inventive Activity,* ed. R. Nelson (Princeton, NJ: Princeton University Press, 1962).
9. S. Shane, "Making New Franchise Systems Work." *Strategic Management Journal,* 19 no. 7 (1998): 697–707.
10. Ibid.
11. P. Azoulay and S. Shane, "Entrepreneurs, Contracts and the Failure of Young Firms." *Management Science,* 47 no. 3 (2001): 337–58.

Administrar os riscos e as incertezas 10

Como já discutimos nos capítulos anteriores, quando criar uma empresa de novas tecnologias você vai se deparar com uma variedade de fontes de incertezas que necessitam ser administradas. Por exemplo, quando você começar, o mercado pode não existir para o produto ou serviço que está lançando, levando a empresa a se deparar com incertezas. Da mesma forma, você pode não estar certo de como criar aquele produto ou serviço, gerando uma incerteza tecnológica. Além disso, mesmo que você possa criar o produto ou serviço e haja mercado para ele, você irá se deparar com uma incerteza de concorrência, porque você não pode saber se terá os retornos do lançamento do produto ou serviço, ou se esses retornos irão para os concorrentes.

Este capítulo:

- Explica como empreendedores bem-sucedidos administram as incertezas no processo de desenvolvimento de empresas de novas tecnologias.
- Descreve os problemas que as incertezas trazem para as empresas de novas tecnologias.
- Explica por que você precisa reduzir a incerteza ou dar aos acionistas uma porção maior dos retornos como forma de administrar o problema de iniciar a empresa.
- Discute as estratégias de redução de riscos que você deve utilizar.
- Fala sobre as abordagens que você pode usar para realocar o risco para aqueles que têm mais condições de assumi-lo.
- Discute as estratégias que você pode usar para administrar as percepções dos riscos.
- Identifica duas ferramentas que você pode usar para administrar os riscos: opções reais e análises de cenários.
- Explica como você pode convencer os depositários a correr o risco por você.

O PROBLEMA DE COMEÇAR

O processo de dar início a uma empresa de novas tecnologias envolve a administração de significativas incertezas. Como você já deve ter percebido, essa incerteza impacta no financiamento de novos empreendimentos. Para explorar uma oportunidade tecnológica, você geralmente terá de obter recursos de fontes externas. Portanto, você tem de convencer os depositários externos a fornecerem recursos de apoio, a despeito da incerteza que o novo empreendimento enfrenta.

Quanto mais incertezas seu novo empreendimento enfrentar, maior será o retorno que os investidores e outros depositários irão exigir para fornecerem os recursos que você necessita para explorar sua oportunidade. O relacionamento entre as incertezas e os retornos desejados significa que você está diante das seguintes opções: você pode fornecer maior participação aos depositários no novo empreendimento, como forma de aumentar o tamanho dos retornos que os investidores irão ganhar por determinada quantia de capital investido; você mesmo pode arcar com a incerteza, ou então pode adotar estratégias para administrá-la.

Os empreendedores em tecnologia bem-sucedidos tendem a preferir a última alternativa. A primeira alternativa não agrada a muitos empreendedores porque eles não querem desistir de possuir e controlar seus novos empreendimentos. Além disso, muitos investidores não gostam da idéia de assumir a maior parte da posse e do controle dos novos empreendimentos que financiam, porque esse tipo de arranjo tende a gerar problemas. A segunda alternativa não é desejável para muitos empreendedores porque as pessoas não gostam de correr riscos e geralmente não gostam de arcar com a incerteza.

ESTRATÉGIAS DE REDUÇÃO DE RISCOS

Os empreendedores bem-sucedidos freqüentemente administram os riscos e as incertezas realizando três atividades para reduzir o risco que seu novo empreendimento enfrenta: buscando informações, minimizando o investimento e mantendo a flexibilidade. Você terá de usar essas estratégias de redução de riscos para ser bem-sucedido.

Buscar informações

Você precisa buscar informações antes de agir se quiser reduzir o nível de riscos em seu novo empreendimento. Os empreendedores em tecnologia mal-sucedidos freqüentemente atiram antes de mirar. Conseqüentemente, correm riscos desnecessários que poderiam ser facilmente evitados pela busca adicional de informações. Por exemplo, em vez de descobrir qual o tipo de equipamento é mais apropriado para produzir um novo produto, o empreendedor mal-sucedido vai e compra o equipamento padrão usado na indústria e "começa". Se, como algumas vezes é o caso, o equipamento escolhido precisa ser muito modificado para fabricar o produto, o empreendedor criou o risco para si de que a modificação não seja feita corretamente ou em tempo para atender a uma janela de mercado.

Esse é um exemplo em que o risco poderia ser reduzido buscando informações antes de agir. Se o empreendedor tivesse gasto mais tempo para descobrir que tipo de equipamento era o mais adequado para seu negócio, então o risco de fracassar na modificação do equipamento poderia ser evitado.

Visto que buscar informações é uma forma eficaz de minimizar o risco que você corre ao iniciar o novo empreendimento, é importante entender como buscar as informações que reduzem o risco. Portanto, você deve planejar e não apenas agir. Você deve pensar a respeito e avaliar as oportunidades antes de agir. Além disso, não deve agir enquanto não tiver uma razão para isso. Por meio do planejamento, você pode evitar ações desnecessárias e evitar situações com baixa probabilidade de obtenção de bons resultados.

No contexto de novos empreendimentos, planejar freqüentemente envolve a formulação de um plano de negócio e demonstrações financeiras. Esses documentos apresentam sua abordagem do desenvolvimento do negócio, seus riscos, seu uso de recursos e os interrelacionamentos entre as diferentes partes do empreendimento. As pesquisas mostraram que os empreendedores que desenvolvem planos de negócios têm mais probabilidades de sobreviver, de desenvolver seu negócio mais rapidamente e de ter vendas mais altas do que os empreendedores que não desenvolvem planos de negócios.[1] Desenvolver um plano de negócios é uma das maneiras pela qual você pode buscar informações, reduzindo assim a incerteza de seu novo empreendimento.

Os empreendedores bem-sucedidos também minimizam os riscos testando a precisão de suas suposições antes de comprometer recursos. Muitos esforços dos empreendedores são incertos porque estão relacionados com suposições sobre coisas como viabilidade técnica ou tamanho do mercado, sobre as quais existem informações que as confirmam ou não. Por exemplo, os empreendedores freqüentemente fazem suposições sobre questões como, se é possível fazer um *microchip* suficientemente pequeno para caber em um relógio. Ou então o tamanho do mercado para um remédio que trate o câncer do pâncreas. Essas suposições podem ser verificadas por meio da busca das informações. Antes de agir, você pode perguntar a um engenheiro de semicondutores se é possível fazer um *microchip* que caiba em um relógio, ou perguntar a um oncologista como muitos pacientes poderiam ser curados com um remédio para câncer do pâncreas. Se uma fonte puder fornecer informações que determinem a precisão de suas suposições, você pode minimizar a incerteza de seu novo negócio verificando essas informações.

Os empreendedores bem-sucedidos buscam informações explorando as relações entre as dimensões de seu negócio. Uma fonte de incertezas dos novos negócios está nas informações sobre como as partes de um negócio estão relacionadas. Por exemplo, a falta de conhecimento sobre a relação entre cada real de custo e cada real de vendas torna o novo empreendimento incerto, o efeito de se incorrer em determinados custos nos resultados não está claro. Essa incerteza pode ser diminuída pela coleta de informações sobre o relacionamento entre as diferentes partes do negócio.

Os empreendedores de sucesso buscam informações que não confirmem suas suposições. Isto é, eles procuram informações que mostrem por que seus empreendimentos não irão funcionar, em vez de informações que mostrem por que o empreendimento vai funcionar. Por quê? A maioria das pessoas é parcial ao tomar decisões, o que as leva a buscar confirmar as informações que sustentem o que já decidiram fazer. Conseqüentemente, a maioria das pessoas não coleta informações úteis à avaliação, pelo contrário, se dedica a justificar suas próprias ações. Os empreendedores bem-sucedidos se abstêm de justificar suas próprias ações buscando informações que os contrariem.

Esse problema é ampliado pela tendência dos empreendedores de serem otimistas demais sobre as perspectivas de seus empreendimentos. Esse otimismo exagerado leva os empreendedores a continuarem com seus empreendimentos, mesmo quando uma avaliação racional da oportunidade mostre que a probabilidade de sucesso é menor do que o empreendedor acredita. Esse otimismo exagerado também leva a maioria dos empreendedores a dar pouco crédito a informações que o levariam realisticamente a concluir que essa atividade empreendedora não faz sentido. Os empreendedores bem-sucedidos mantêm seu otimismo em cheque, buscando informações que questionem o valor de seus novos empreendimentos.

Minimizar investimentos

Você precisará minimizar a magnitude de seus investimentos em ativos cujo valor não possa ser recuperado se quiser reduzir o nível de riscos em seu novo empreendimento. Os empreendedores bem-sucedidos minimizam seus investimentos em ativos de baixo valor residual, porque o risco é fortemente impactado pela magnitude do que a pessoa irá perder se as coisas derem errado. Com investimentos em ativos de valores residuais elevados, mesmo se o empreendimento não tiver sucesso, o valor do investimento será recuperado. Assim, você pode fazer investimentos maiores para um dado risco se investir em ativos que têm maior valor residual do que se investir em ativos que têm valor residual menor.

Quais são os passos práticos que você pode seguir para minimizar seu investimento em ativos de baixo valor residual? Um passo inicial é utilizar insumos padronizados em lugar de customizados. Por exemplo, você pode usar equipamento de escritório genérico em vez de equipamento customizado. Caso seu negócio venha a fracassar, você pode vender o equipamento de escritório para outra empresa, aumentando o valor residual do ativo. Já o investimento no equipamento de escritório customizado é perdido, porque ele não pode ser usado em outra empresa.[2]

Naturalmente, algumas vezes você terá de usar insumos customizados. Mesmo porque, os insumos genéricos não podem fornecer a base de uma vantagem competitiva. Isso sugere a importância de considerar se os ativos são a fonte da vantagem competitiva de seu negócio. Muitos insumos em novos negócios não fornecem uma vantagem competitiva e não devem ser customizados. Por exemplo, o *software* de contabilidade provavelmente não será a fonte da vantagem competitiva de uma empresa de dispositivos médicos. O investimento nesse insumo customizado aumenta o risco do novo empreendimento, sem oferecer uma vantagem competitiva em troca. Conseqüentemente, ele não tem valor e deve ser evitado.

Outro passo é pegar emprestado ou fazer *leasing* de ativos em vez de comprá-los. Por exemplo, você pode fazer *leasing* dos caminhões para as necessidades de seu novo negócio, em vez de comprá-los. Fazendo *leasing* ou conseguindo o empréstimo dos ativos, você pode minimizar o investimento em ativos que têm valor residual limitado em caso de fracasso.

Outro ponto importante é a realização de investimentos na forma de custos variáveis em vez de custos fixos. Os custos variáveis são custos dependentes da produção de um bem ou serviço. Os custos variáveis impõem menos riscos aos novos empreendimentos do que os custos fixos, porque com estes há gastos diretos que podem ou não ser compensados, impondo riscos a quem pagou por esses gastos diretos.

Como manter baixos os custos fixos ao iniciar um negócio? Uma maneira é iniciar a empresa primeiramente como uma organização de consultoria e expandir para a fabricação de produtos apenas se houver demanda suficiente para isso.[3] Por exemplo, você pode primeiramente desenvolver um serviço para fornecimento de *software* de contabilidade para outras empresas. Daí, se o *software* se mostrar popular, você pode fazer a transição para produzir o *software* como um produto pronto, em vez de vendê-lo como serviço.

Outra maneira de manter os custos fixos baixos é procurar mecanismos que transformem custos fixos em custos variáveis. Por exemplo, utilizando uma produção ou uma força de vendas terceirizada, em vez de construir uma unidade de fabricação ou de contratar empregados, como forma de transformar o custo fixo de fabricação ou de vendas e distribuição em custo variável. Esta transformação ocorre porque o fabricante e a força de vendas terceirizados são pagos com base na quantidade de unidades.

Naturalmente, não importa o tamanho de seu esforço, você acabará tendo de investir em alguns ativos fixos que têm valor residual zero. Para minimizar o risco desse tipo de investimento, os empreendedores bem-sucedidos freqüentemente começam em pequena escala e expandem a partir daí. Isto é, em vez de estabelecer fábricas em larga escala, com amplas linhas de produção, você pode iniciar em pequena escala com um único produto. Você só irá expandir se tiver sucesso nesse esforço inicial. Essa abordagem minimiza riscos porque você só pode perder a quantidade de capital que foi investida no empreendimento. Como a quantidade total de capital investido em um novo empreendimento é menor se o empreendimento iniciar em pequena escala, você pode minimizar o risco.[4]

Outra forma de minimização do investimento em novos empreendimentos é decidir de antemão o ponto no qual você irá cortar seus prejuízos e abandonar este negócio. Infelizmente, muitos empreendedores mal-sucedidos começam como jogadores em Las Vegas com linhas de crédito abertas. Eles aumentam seus investimentos ao longo do tempo, pensando que um dólar a mais de investimento irá resolver o problema de seu novo empreendimento. No entanto, esse tipo de pensamento leva os empreendedores mal-sucedidos a aumentar a magnitude de seus prejuízos pelo escalonamento de seu comprometimento.

Manter a flexibilidade

Você também pode minimizar o risco de começar um novo negócio mantendo a flexibilidade, de modo que sua nova empresa possa mudar de direção rapidamente, se isso for necessário. A flexibilidade reduz o risco porque minimiza a probabilidade de que ocorra uma seqüência de prejuízos. Embora você não possa saber de antemão se poderá superar as incertezas técnicas, de mercado e competitivas, ainda pode evitar uma seqüência de prejuízos se mudar seu empreendimento quando ocorrerem eventos inesperados. Se seu novo empreendimento pode mudar sob essas circunstâncias, então sua probabilidade de ficar preso a uma situação que leve a uma seqüência de prejuízos será reduzida.

Avalie, por exemplo, a história dos bem-sucedidos desenvolvedores da última geração de *disk drives* (acionadores de disco) de computadores. Essas empresas administraram o risco de lançar um novo produto em um mercado incerto sendo flexíveis e se adaptando. As empresas entrantes inicialmente miraram em um conjunto de consumidores que acabaram não se interessante pelos novos acionadores de discos. Conseqüentemente, as entrantes tiveram de mudar de mercado alvo, até encontrarem um mercado interessado em adotar o novo produto.[5] A capacidade de adaptação e de encontrar um segmento de mercado interessado em seus novos produtos permitiu aos empreendedores administrar os riscos do mercado no lançamento de um novo produto de acionador de disco.

> **PARE! NÃO FAÇA ISSO!**
> 1. Não aja antes de investigar ao abrir seu novo negócio.
> 2. Não faça grandes investimentos em ativos de baixo valor residual.
> 3. Não promova ações que reduzam a flexibilidade de seu novo empreendimento.

ESTRATÉGIAS DE REALOCAÇÃO DE RISCOS

Você também pode administrar o risco e a incerteza realocando os riscos para outros componentes da cadeia de valor. Em muitos casos, essas outras partes estão dispostas a aceitar esse risco realocado porque estão mais capacitadas a suportar esse risco do que você. Por exemplo, os investidores diversificados freqüentemente têm mais condições de suportar o risco do que os empreendedores, devido a sua diversificação. Os investidores, como as empresas de capital de risco, que conseguem investir simultaneamente em diversos empreendimentos de risco, conseguem suportar melhor o risco do que os empreendedores cujos investimentos em novos empreendimentos não são diversificados. Ao investir simultaneamente em diversos novos empreendimentos, os capitalistas de risco podem projetar portfólios nos quais os riscos de diferentes empreendimentos não estão correlacionados, tornando o nível de risco médio que eles suportam menor do que o dos empreendedores individuais que fundaram as empresas. Conseqüentemente, os investidores diversificados podem suportar um nível de risco para uma dada quantia de retorno que não é suportada pelo empreendedor individual.

Você pode realocar o risco para *stakeholders* especializados, os quais têm mais condições de correr o risco do que você e outros empreendedores, porque a especialização deles lhes dá informações que tornam o risco menor para eles do que para você. Por exemplo, uma *factor* (ou empresa que compra contas a receber) pode cobrar suas contas com menos risco do que você, porque ela tem conhecimento sobre a cobrança de dívidas que lhe permite cobrar uma proporção maior das contas a receber do que o empreendedor médio. Conseqüentemente, os *stakeholders* especializados estão dispostos a correr mais riscos, para determinada quantia de retorno, do que provavelmente você esteja disposto a suportar.[6]

Você pode realocar o risco para *stakeholders* que se dedicam a atividade existente a uma taxa menor que a sua capacidade total, pois as suas outras atividades tornam o risco menor para eles do que ele é para você. Avalie, por exemplo, alguém com uma unidade fabril que esteja operando com a metade da capacidade. Eles podem produzir seu produto simplesmente usando a parte de sua unidade que está ociosa, mas você teria de criar uma nova unidade fabril do zero para produzir o mesmo produto. Conseqüentemente, eles têm uma tendência de prejuízos menor do que a sua ao assumir a mesma atividade, o que torna a atividade menos arriscada para eles do que para você.[7]

Você pode realocar o risco para os *stakeholders* que estão em busca de risco. Os *angels investors* são um bom exemplo de pessoas dispostas a assumir riscos, mesmo que não sejam mais capacitados do que você a assumir esse risco. Por gostarem do empreendedorismo, os *angel investors* freqüentemente estão dispostos a assumir o risco em troca de sua participação no processo.

ESTRATÉGIAS DE PERCEPÇÃO DE RISCOS

Outra maneira de administrar o risco em novos empreendimentos é reduzir as percepções de risco de seus depositários. Embora as estratégias de percepção de risco não reduzam o risco real nem realoquem esses riscos para outros, mas apenas reduzam a sensação que os outros têm do risco associado à natureza do novo empreendimento, ainda assim eles são importantes para uma bem-sucedida administração do risco pelo empreendedor.

> **PARE! NÃO FAÇA ISSO!**
> 1. Não assuma riscos se você puder realocá-los para alguém mais capaz de assumi-los.
> 2. Não assuma o risco quando os que buscam riscos estão dispostos a assumi-lo por você.

Você pode reduzir a percepção de risco em novos empreendimentos buscando o endosso para seu empreendimento de interessados com alto *status*. Por exemplo, você pode fazer uma aliança estratégica, ou outro tipo de associação, com uma empresa consolidada, parecido com o que ocorre com as novas empresas de biotecnologia e as grandes empresas farmacêuticas. Essa aliança permitirá utilizar o apoio da empresa consolidada para sustentar a percepção de que seu empreendimento tem valor, mesmo quando o valor é incerto. Como a empresa consolidada arrisca sua reputação se seu novo empreendimento se mostrar sem valor, o endosso da empresa consolidada é um sinal de crédito para seu novo empreendimento.[8]

Da mesma forma, você pode obter o endosso de funcionários do governo, da imprensa, ou de outras pessoas em posições de autoridade como forma de criar percepções positivas do valor de seu empreendimento. As pessoas tendem a perceber como menos arriscadas e mais valiosas algo que as pessoas com alguma autoridade apóiam. Por exemplo, as pesquisas têm mostrado que quando as empresas ganham prêmios em concursos de revistas – tipo o Selo de Aprovação da revista *Good Housekeeping* – os potenciais interessados vêem essas empresas como mais valiosas e menos arriscadas do que as outras.[9]

Outra maneira de diminuir a percepção de risco a respeito de seu novo empreendimento é garantir que ele esteja em conformidade com as regras, normas, rotinas e procedimentos existentes no mercado. Por exemplo, muitas empresas que exploram as novas tecnologias da Ethernet fazem grandes esforços para explicar aos consumidores que seus produtos são consistentes com as tecnologias de Ethernet mais antigas. Isso, naturalmente, deixa os consumidores mais à vontade para fazer a transição para a nova tecnologia. O que torna essa abordagem interessante é que as novas tecnologias da Ethernet, na verdade, têm muito pouco a ver com as suas velhas tecnologias – a relação entre as duas está mais presente no nome.

Ao fazer seu novo empreendimento se parecer tanto quanto possível com os negócios consolidados, você também pode minimizar a percepção dos outros de que seu negócio seja arriscado. Por exemplo, os empreendedores bem-sucedidos que começaram na própria garagem costumam alugar um escritório para reuniões, a fim de fazer seu negócio parecer mais com o padrão esperado e menos arriscado do que ele realmente é.[10] Ao fazer isso, os empreendedores bem-sucedidos podem conseguir o apoio das grandes empresas consolidadas, o que não seria possível se os novos empreendimentos não aderissem às regras e normas das grandes empresas.

> **PARE! NÃO FAÇA ISSO!**
>
> 1. Não despreze regras, normas, rotinas e procedimentos. Isso aumenta as percepções de risco a respeito de seu empreendimento.
>
> 2. Não ignore a ação coletiva. Isso pode aumentar as percepções de risco a respeito de seu empreendimento.

Outra maneira de diminuir a percepção de que seu novo empreendimento é arriscado é dedicar-se à ação coletiva por meio de associações profissionais ou órgãos que estabelecem normas. Como essas entidades decidem que atividades de uma indústria são consideradas adequadas e normais, uma nova empresa que participe dessas organizações parecerá mais legítima e menos arriscada do que outras empresas novas.[11]

FERRAMENTAS PARA ADMINISTRAR OS RISCOS E AS INCERTEZAS

Os empreendedores bem-sucedidos também usam duas ferramentas financeiras para administrar a incerteza: opções reais e análises de cenários. As opções reais são o direito, mas não a obrigação, de fazer um investimento futuro. A análise de cenário é a representação de investimentos sob diferentes suposições relacionadas aos fatores principais que influenciam esses investimentos. Você deve usar essas ferramentas para administrar as incertezas em seu negócio, porque o seu uso irá ajudá-lo a tomar melhores decisões.

Essas ferramentas superam muitas das desvantagens das estimativas padronizadas vinculadas ao fluxo de caixa descontado baseado em cálculos do valor presente líquido. Os cálculos do valor presente líquido não aprovisionam incertezas. Como eles se baseiam em estimativas em um ponto, o cálculo do valor presente líquido, eles não lidam com uma gama de probabilidades. Assim, qualquer esforço de usar cálculos do valor presente líquido exige que o usuário simplifique a incerteza, substituindo as coisas incertas por estimativas pontuais. Conseqüentemente, as opções reais e a análise de cenários ajudam os empreendedores a tomar decisões mais precisas sob incertezas.

A precisão dos cálculos do valor presente líquido também depende muito da precisão das suposições, difíceis de verificar no momento em que os cálculos são feitos. Por exemplo, esses cálculos exigem suposições precisas sobre o valor final de um investimento, o que é muito difícil de conhecer se as coisas forem verdadeiramente incertas. Mesmo porque, se você não sabe se o seu produto pode ser fabricado, se há mercado para ele, e se você conseguirá suportar a concorrência das outras empresas, é difícil estimar o valor final de um investimento.

Além disso, esses cálculos exigem suposições sobre os horizontes de tempo necessários para desenvolver um produto ou serviço. Freqüentemente essas suposições são muito inexatas antes de o empreendedor criar um novo produto ou serviço. Na maior parte do tempo as pessoas simplesmente não sabem quanto tempo será necessário para criar um novo negócio ou lançar um novo produto. A exigência de que as suposições sobre os horizontes de tempo sejam feitas são especialmente problemáticas porque as estimativas com horizontes de tempo curto irão aumentar o valor obtido pelo cálculo do valor presente líquido e levarão as pessoas a crer que o investimento é melhor do que realmente é. Ao contrário, as estimativas sobre os horizontes de tempo longos demais irão reduzir os cálculos do valor presente líquido e levarão as pessoas a crer que o investimento é pior do que realmente é.

Os cálculos do valor presente líquido também são problemáticos para a avaliação das novas oportunidades de empreendimentos porque não podem incorporar muitos fatores importantes que influenciam as tomadas de decisão sobre essas oportunidades. Por exemplo, eles não conseguem incorporar informações não financeiras, tais como a reação dos concorrentes. Também não podem incorporar informações sobre a relação estratégica de uma parte do negócio com a outra, ou sobre o aprendizado obtido no processo de inovação, questões muitas vezes cruciais para avaliar novas oportunidades de empreendimentos.

O fluxo de caixa descontado baseado no valor presente líquido não consegue avaliar elementos em estágios sucessivos. Isso é problemático no caso de empreendimentos em novas tecnologias nos quais as informações freqüentemente não estão disponíveis para os estágios mais tardios até que um empreendimento tenha passado pelos estágios iniciais. Por exemplo, é impossível saber o tamanho do mercado para um novo remédio sem saber se o remédio funcionará em animais ou em pessoas. Portanto, o desenvolvimento tecnológico do remédio precisa ocorrer antes que se possa avaliar o mercado para ele. Análises de fluxo de caixa descontado baseadas no valor presente líquido não permitem essa avaliação seqüencial, exigindo que os empreendedores façam suas avaliações baseados nas suposições sobre fatores verdadeiramente desconhecidos, fazendo disso um puro exercício de adivinhação.

Devido a esses problemas com a análise do fluxo de caixa descontado baseado no valor presente líquido, a melhor abordagem para tomar decisões sobre novos empreendimentos é examiná-los como opções reais. Analisando o novo empreendimento como uma série de etapas e avaliando o valor de fazer um investimento em uma etapa, sobre o potencial para fazer um investimento futuro em outra etapa, você estará mais habilitado a tomar as decisões necessárias para avaliar uma oportunidade de negócio.

Uma das razões que tornam as opções reais mais eficazes do que os cálculos do valor presente líquido para avaliar novas oportunidades de empreendimentos é que o desenvolvimento tecnológico ocorre de uma forma evolucionária que se presta a avaliações por estágios. Por exemplo, no cenário típico de desenvolvimento tecnológico, a pesquisa inicial resulta na invenção de uma nova tecnologia, que leva à necessidade de desenvolvimento do produto, que então resulta na necessidade de produção, e esta então leva à necessidade de *marketing*. Como diversas questões são desconhecidas em cada estágio e só se tornarão conhecidas se o empreendimento passar pelo estágio anterior, você não consegue estimar todos os passos de uma vez. Você só consegue estimar o efeito de um estágio sobre o próximo estágio.

A Figura 10.1 ilustra como os resultados da análise de opções reais diferem dos cálculos tradicionais do valor presente líquido dos fluxos de caixa descontados. Como mostra a figura, as opções reais podem resultar em cálculos de um valor esperado menor do que os fluxos de caixa descontados ajustados para risco. Por quê? Porque as análises de opções exigem a tomada de decisão ao longo do tempo à medida que as informações são reveladas, em vez de definirmos a decisão em um só ponto no tempo. Portanto, você não incorpora todos os cálculos sobre o resultado do investimento em pesquisa e desenvolvimento e a decisão de entrar no mercado. Pelo contrário, você somente incorpora os cálculos sobre o resultado mais favorável em cada estágio e então decide a partir daí se vai adiante ou não. Nesse caso, a análise de opções recomendaria não levar adiante o projeto que, com outra análise, você iria perseguir.

Outra razão que demonstra que o uso de opções reais é valioso para os empreendedores é que ajuda a manter a flexibilidade e evita comprometer valiosos recursos no desenvolvimento de um mercado que não pode ser explorado. Por exemplo, uma empresa emergente de biotecnologia pode não saber se deve buscar o mercado de seu novo remédio para pessoas ou para animais até que conduza alguns testes sobre a eficácia do remédio em seres humanos e em animais. Se a empresa não avaliar o desenvolvimento do produto usando opções reais, ela pode

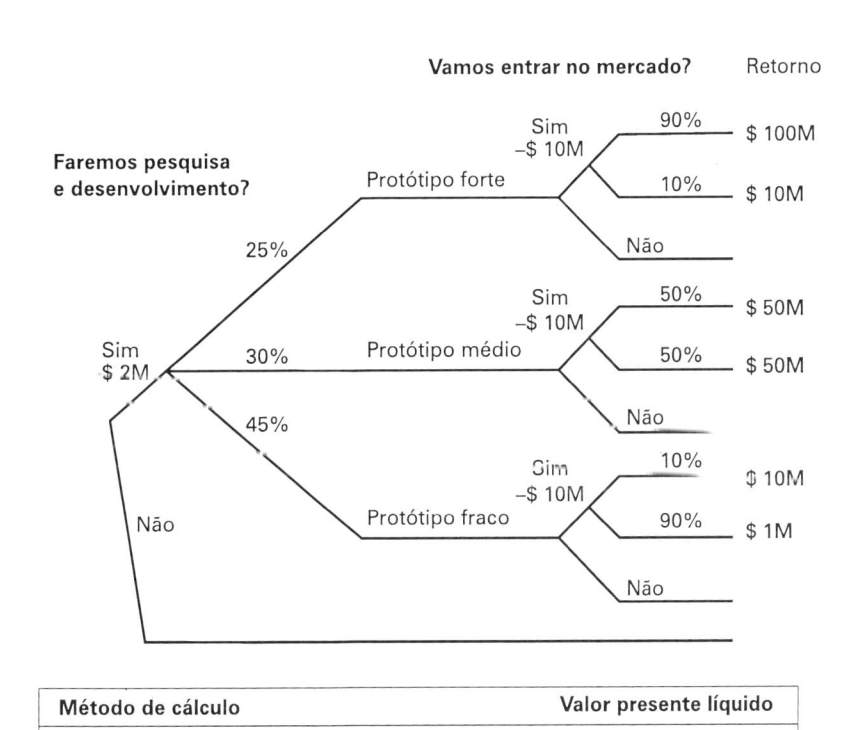

Método de cálculo	Valor presente líquido
Fluxos de caixa descontados ajustados para risco	$20,81M
Opções reais	$14,53M

FIGURA 10.1 Um exemplo da avaliação por opções reais.

desenvolver as forças de vendas para atingir tanto o mercado de animais como de seres humanos. Entretanto, tratando a avaliação da eficácia do remédio nos dois diferentes grupos como um passo que deve ser realizado antes de avaliar como alcançar a base de clientes, a empresa pode evitar o desperdício de recursos. Se a empresa tratar a avaliação da eficácia do remédio como uma opção real, e o remédio só funcionar em animais, ela não terá de gastar tempo desenvolvendo uma força de vendas encarregada de atingir médicos.

Outra ferramenta financeira para tomadas de decisão em novos empreendimentos sob incertezas é a análise de cenários. A análise de cenários é útil para tomar decisões porque permite que você simule as alternativas que podem ocorrer, baseado em diferentes suposições sobre as variáveis principais. Fazendo isso você pode olhar as diferentes dimensões de um negócio e descobrir quais fatores podem fazer com que dê errado e quais podem gerar os resultados desejados.

A análise de cenários é especialmente útil porque o futuro dos empreendimentos em novas tecnologias é incerto e não pode ser bem representado por estimativas pontuais. Para tomar decisões precisas, você precisa gerar uma gama de possíveis resultados, em vez de simplificar demais a situação com estimativas pontuais imprecisas. Como cada cenário fornece informações sobre um resultado esperado sob diferentes suposições, a análise de cenários evita a simplificação inexata das estimativas pontuais.

Além disso, a tomada de decisões precisas é facilitada pela identificação das suposições principais que impulsionam os resultados. Pela análise dos cenários, você pode ver quais variáveis se modificam mais em resposta às mudanças nas suposições principais e quais fatores variam com as mudanças em outros fatores. Essas informações irão ajudá-lo a fazer planos que minimizem a probabilidade de ocorrência de resultados adversos e que maximizem a probabilidade de ocorrência de resultados positivos.

Vale a pena ressaltar um ponto adicional sobre as análises de cenário e de opções. Os empreendedores bem-sucedidos sabem que essas ferramentas são complementares, e não substitutas. Portanto, eles freqüentemente as utilizam em conjunto para tomar decisões sobre novos empreendimentos. Quando as informações sobre as alternativas não são completamente conhecidas, a análise de opções ajuda a tomar decisões sobre diferentes alternativas ao longo do tempo, e a análise de cenários ajuda a tomar decisões a respeito de diferentes alternativas em um dado ponto no tempo.

COMO OS EMPREENDEDORES CONVENCEM OS *STAKEHOLDERS* A CORRER RISCOS?

A discussão anterior levanta a pergunta de como se pode convencer os *stakeholders* a correr riscos por você, uma vez que conseguir que outros corram riscos, às vezes, é uma estratégia valiosa para os empreendedores. A resposta é uma função de diversos elementos, dentre eles a necessidade de divisão das remunerações de maneira justa. As pessoas correm riscos porque elas obtêm algum tipo de recompensa por isso. Portanto, os empreendedores bem-sucedidos compartilham

> **PARE! NÃO FAÇA ISSO!**
>
> 1. Não use os cálculos padrão de valor presente líquido para tomar decisões a respeito de empreendimentos em novas tecnologias.
>
> 2. Não se esqueça de investigar os diferentes cenários ao tomar decisões sobre seu novo empreendimento.

os resultados com as pessoas que correm parte do risco. Os empreendedores em tecnologia mal-sucedidos querem ganhar sem dar nada em troca. Eles não estão dispostos a correr riscos, mas se recusam a compartilhar os resultados com aqueles que correm riscos por eles.[12]

Os empreendedores bem-sucedidos honram contratos implícitos e explícitos. Os *stakeholders* não gostam de correr riscos por empreendedores, se acharem que estes irão oportunamente renegociar os termos de seus contratos, uma vez que o risco não existe mais. Eles querem que os empreendedores mantenham a divisão dos resultados com a qual concordaram ao acertar o empreendimento. Assim você pode conseguir que outros corram riscos por você, mostrando que irá aderir aos termos de seus acordos mesmo quando tiver a oportunidade de renegociar esses termos a seu favor.[13]

Os empreendedores bem-sucedidos mantêm o comprometimento com o seu empreendimento. Outros *stakeholders* não gostam de correr riscos por empreendedores se estes não permanecerem com seu empreendimento. O medo destes interessados é que eles sejam deixados segurando a mala para empreendedores que já se mudaram e estão fazendo outras coisas. Portanto, uma demonstração de comprometimento com o seu empreendimento será importante, se você quiser manter o apoio daqueles que correm riscos por você.[14]

Os empreendedores bem-sucedidos têm relacionamentos sociais com os *stakeholders* que correm riscos por eles. Esses relacionamentos sociais fazem com que os *stakeholders* confiem neles e se sintam mais confortáveis. Como foi discutido no capítulo anterior, os relacionamentos sociais fazem os empreendedores agirem menos oportunisticamente em relação aos interessados em seus empreendimentos, bem como fornecer mecanismos eficazes para os *stakeholders* controlarem o comportamento dos empreendedores. Consequentemente, levantar dinheiro das pessoas com as quais você tem um relacionamento social tornará mais provável que essas pessoas corram parte do risco por você.

Os empreendedores bem-sucedidos reúnem diferentes grupos de pessoas ao mesmo tempo, e não seqüencialmente. Por exemplo, você pode dizer para um fornecedor que um cliente está envolvido no processo e dizer ao cliente que um fornecedor está no barco como forma de conseguir que ambos se comprometam com o empreendimento. Fazer isso ajuda a conseguir que os *stakeholders* corram riscos porque isso leva cada interessado a crer que os outros *stakeholders* já estão a bordo. Portanto, eles enxergarão seu comprometimento como menos arriscado do que ele realmente é.[15] Em geral, você terá mais sucesso em conseguir que outras pessoas assumam o risco por você se abordar os fornecedores e os clientes dessa forma, quando busca obter recursos para seu novo empreendimento.

> **PARE! NÃO FAÇA ISSO!**
>
> 1. Não tente convencer os *stakeholders* a correr riscos por você sem compartilhar as recompensas, honrando contratos e mantendo o comprometimento.
> 2. Não aborde seus clientes e seus fornecedores seqüencialmente, aborde-os simultaneamente.

Os empreendedores bem-sucedidos se dedicam a um processo de conseguir que os *stakeholders* escalonem seu comprometimento. Como fazem isso? Conseguindo que cada interessado faça um pequeno comprometimento com o empreendimento. A partir daí eles pedem para cada *stakeholders* fazer pequenos aumentos em seus comprometimentos até que esses atinjam o nível desejado. Como são solicitados fazer apenas pequenos aumentos em seus comprometimentos, eles estarão mais dispostos a aceitar esses aumentos, mesmo quando poderiam ter recusado se lhes fosse solicitado fazer todo o comprometimento de uma única vez.[16] Em geral, você terá mais sucesso em conseguir que outras pessoas assumam o seu risco por você se você escalonar o comprometimento de seus *stakeholders*, quando busca obter recursos deles para seu novo empreendimento.

> **PERGUNTAS PARA FAZER A SI MESMO**
>
> 1. Quais são as coisas que posso fazer para reduzir o risco inerente ao meu novo empreendimento?
> 2. O que posso fazer para realocar o risco para outras pessoas mais capazes de assumi-lo?
> 3. O que posso fazer para reduzir as percepções do risco de meu empreendimento?
> 4. Como posso analisar minhas decisões de investimentos de uma forma que me ajude a administrar os riscos?
> 5. Quais são as coisas que posso fazer para convencer os *stakeholders* a assumirem parte do risco de meu empreendimento?

RESUMO

Este capítulo explicou que os novos empreendimentos enfrentam incertezas técnicas, de mercado e competitivas que exigem que você exerça atividades de administração de riscos. Você pode reduzir o risco que seu novo empreendimento enfrenta buscando informações adicionais, minimizando a magnitude dos investimentos e mantendo a flexibilidade. Você pode realocar os riscos para aquelas pessoas mais capacitadas a administrá-los ou àqueles que procuram o risco. Isso inclui ações do tipo transferir o risco para investidores diversificados, realocar o risco para *stakeholders* experientes ou especializados, mais capacitados a administrá-lo, transferindo o risco para pessoas para as quais as atividades são menos arriscadas, e para aqueles que buscam os riscos. Você também pode administrar os riscos legitimando seu novo empreendimento. Você pode obter endossos dos representantes do *status quo*, aderindo às regras e normas estabelecidas, e dedicando-se a ações coletivas.

Os empreendedores bem-sucedidos usam duas ferramentas financeiras para avaliar oportunidades: opções reais e análises de cenários. As opções reais ajudam a tomar decisões precisas sob incertezas por não exigir a avaliação de questões verdadeiramente desconhecidas e por permitir a avaliação em estágios sucessivos. A análise de cenários ajuda a tomar decisões precisas por permitir a avaliação com uma maior amplitude de variação em vez de estimativas pontuais e por permitir a identificação de suposições importantes sobre as relações entre as variáveis.

Os empreendedores bem-sucedidos convencem os *stakeholders* a assumir parte do risco de seu empreendimento. Eles o fazem mostrando os atributos associados aos empreendedores bem-sucedidos, por abordar clientes e fornecedores simultaneamente, e por escalonar o comprometimento.

Agora que você conhece as dez regras do empreendedorismo em tecnologia, vamos falar sobre a sua utilização conjunta, assunto do capítulo final deste livro.

NOTAS

1. F. Delmar and S. Shane, "Does Business Planning Facilitate the Development of New Ventures." *Strategic Management Journal* 24 (2003): 1165–1185.
2. A. Bhide and H. Stevenson, "Attracting Stakeholders," in *The Entrepreneurial Venture,* ed. W. Sahlman and H. Stevenson: 149–59. (Boston: Harvard Business School Press, 1992),
3. E. Roberts, *Entrepreneurs in High Technology* (New York: Oxford University Press, 1991).
4. R. Caves, "Industrial Organization and New Findings on the Turnover and Mobility of Firms." *Journal of Economic Literature* 36 (1998): 1947–82.
5. C. Christiansen and J. Bower, "Customer Power, Strategic Investment, and the Failure of Leading Firms." *Strategic Management Journal* 17 (1996): 197–218.
6. Bhide and Stevenson, "Attracting Stakeholders." op. cit.
7. Ibid.
8. H. Rao, "The Social Construction of Reputation: Certification Contests, Legitimation and the Survival of Organizations in the American Automobile Industry: 1895–1912." *Strategic Management Journal* 13 (1994): 29–44.
9. Ibid.
10. J. Starr and I. MacMillan, "Resource Cooptation via Social Contracting: Resource Acquisition Strategies for New Ventures." *Strategic Management Journal* 11 (1990): 79–92.
11. H. Aldrich, *Organizations Evolving* (London: Sage, 1999).
12. A. Bhide and H. Stevenson, "Attracting Stakeholders." op. cit.
13. Ibid.
14. Ibid.
15. Ibid.
16. Ibid.

Conclusões

Este livro apresentou as dez regras que você deve seguir ao apostar em uma idéia que pode ser a base para a criação de uma empresa de alta tecnologia bem-sucedida. Cada uma dessas regras foi explicada em um capítulo do livro. As regras são:

1. Escolha a indústria certa.
2. Identifique oportunidades valiosas.
3. Administre transições tecnológicas.
4. Identifique e satisfaça as reais necessidades do mercado.
5. Entenda a adoção do cliente e a dinâmica do mercado.
6. Explore as fraquezas das empresas consolidadas.
7. Administre de forma eficaz a propriedade intelectual.
8. Crie barreiras à imitação.
9. Escolha a forma adequada de organização.
10. Administre de forma eficaz os riscos e as incertezas.

A seguir, um resumo do que você deve fazer para seguir essas dez regras:

Regra número 1: Escolha a indústria certa. Você terá mais sucesso se escolher a indústria certa para iniciar sua empresa. A indústria certa para o empreendedor em tecnologia é uma indústria jovem e que ainda não convergiu para um projeto dominante. Tem processos produtivos simples; baixos níveis de novos conhecimentos; um *locus* de inovação que está fora da cadeia de valor; uma menor importância dos ativos complementares em *marketing* e distribuição; mercados grandes, em crescimento e segmentados; um processo produtivo que não é de capital e nem de propaganda intensivos; atividade produtiva não-concentrada em um pequeno número de empresas; e tamanho médio das empresas pequeno.

Regra número 2: Identifique oportunidades valiosas. Você terá mais sucesso se identificar oportunidades valiosas. Isso quer dizer que você deve identificar a fonte da oportunidade. Seja ela uma mudança tecnológica, política/de regulamentação, social/demográfica, ou uma mudança na estrutura industrial. Você precisa descobrir a forma que os esforços para explorar a oportunidade irão tomar. Você deve combinar a oportunidade com os tipos específicos de inovação. Precisa identificar onde ocorre a mudança na cadeia de inovação. Além disso, precisa entender como os indivíduos identificam as oportunidades.

Regra número 3: Administre as transições tecnológicas. Você terá mais sucesso se entender os padrões evolucionários do desenvolvimento tecnológico. Isso quer dizer:

- Reconhecer o papel das novas empresas de deslocar as curvas em S.
- Entender os projetos dominantes e como eles influenciam a concorrência entre empresas novas e consolidadas em uma indústria.
- Considerar o papel dos padrões técnicos na evolução tecnológica.
- Administrar as diferenças no desenvolvimento de negócios com retornos crescentes e com retornos decrescentes.

Regra número 4: Identifique e satisfaça as reais necessidades do mercado. Você terá mais sucesso se identificar e satisfizer as reais necessidades do mercado. Além disso, terá mais sucesso se avaliar as preferências dos consumidores de forma eficaz para os novos produtos e serviços, o que freqüentemente significa usar técnicas diferentes de grupos de foco e enquetes. Além disso, terá mais sucesso se seus produtos e serviços atenderem às necessidades do cliente a um menor custo e com mais vantagens, se comparados com os oferecidos pela concorrência. Finalmente, você terá mais sucesso se utilizar da melhor forma o recurso de vendas pessoais e conseguir definir o preço certo para os novos produtos.

Regra número 5: Entenda a adoção do cliente e a dinâmica do mercado. Você terá mais sucesso se entender a adoção do cliente, que tende a seguir um padrão em forma de S. Além disso, terá mais sucesso se adaptar seus produtos às exigências dos clientes da tendência principal do mercado e mirar no mercado certo para fazer a transição para a maioria dos clientes. Outro elemento para o alcance do sucesso é compreender a dinâmica do mercado, o que quer dizer evitar estimativas estáticas dos mercados, e entender a difusão da tecnologia e a sua substituição.

Regra número 6: Explore as fraquezas das empresas consolidadas. Você terá mais sucesso se explorar as fraquezas das empresas consolidadas, em vez de desafiar seus pontos fortes. Na maior parte do tempo, as empresas consolidadas são bem-sucedidas quando concorrem com as novas empresas porque têm as vantagens da curva de aprendizado, da reputação, do fluxo de caixa existente, das economias de escala e dos ativos complementares em *marketing* e produção. Entretanto, as empresas consolidadas têm fraquezas que você pode explorar. Dentre elas, um foco na eficiência das operações existentes, na geração de valor a partir das capacidades atuais, a necessidade de satisfazer aos atuais clientes, estruturas organizacionais que limitam os padrões de comunicação e o fluxo de informações, a necessidade de recompensar as pessoas por fazerem seu trabalho e hierarquias para administrar suas operações existentes. Você também terá mais sucesso se explorar tecnologias incertas, discretas e de uso geral incorporadas no capital humano, em vez de tecnologias certas, sistêmicas e de uso específico, incorporadas no capital físico.

Regra número 7: Administre de forma eficaz a propriedade intelectual. Você terá mais sucesso se evitar a imitação de seus novos produtos e serviços, que pode ser realizada facilmente pelas grandes empresas consolidadas. Isso pode ser feito de duas maneiras: sigilo e patenteamento. O sigilo é mais eficaz quando há poucas fontes de informações alternativas, além do empreendedor; quando o produto ou serviço é complexo um número limitado de pessoas é capaz de fazer uso das informações sobre o processo de criar o novo produto ou serviço de forma a poder copiá-lo; o conhecimento necessário para criar o produto ou serviço é tácito, e o processo pelo qual o produto ou serviço é criado não é bem-entendido.

O patenteamento é uma ferramenta importante porque permite que você monte a cadeia de valor necessária para produzir e distribuir seu novo produto antes que os concorrentes possam imitá-lo. Entretanto, as patentes têm diversas limitações: só é possível obtê-las para um pequeno número de tipos de produtos ou serviços elas exigem que o novo produto seja uma melhoria significativa em relação ao que existe freqüentemente são ineficazes sozinhas, são caras, nem sempre são muito fortes, exigem a revelação da invenção, e, em muitas indústrias, não são muito eficazes.

Regra número 8: Crie barreiras à imitação. Você terá mais sucesso se criar barreiras à imitação por meio do controle dos recursos, de uma marca bem reputada, explorando as curvas de aprendizado, desenvolvendo vantagens por ser o primeiro e controlando os ativos complementares em produção e *marketing*. Controlar os recursos é mais eficaz quando há um gargalo no processo produtivo, tornando um recurso crucial e raro. Estabelecer uma reputação raramente é eficaz para os empreendedores, porque a propaganda leva tempo para funcionar, e está sujeita às economias de escala. Explorar a curva de aprendizado é mais eficaz quando a nova empresa entrar cedo em uma indústria e quando o conhecimento adquirido da experiência for exclusivo. Ser o primeiro é uma vantagem quando existem externalidades de rede e quando os custos reais ou psicológicos para mudar são altos. Explorar os ativos complementares é mais eficaz quando a proteção por patente em uma indústria for fraca, e a indústria convergiu para um projeto dominante. Entretanto, essa estratégia raramente é eficaz para os empreendedores, porque eles quase nunca têm os ativos complementares à disposição no momento de sua formação e porque esses ativos freqüentemente são especializados, tornando difícil a sua terceirização.

Regra número 9: Escolha a forma adequada de organização. Você terá mais sucesso se não explorar sempre as oportunidades buscando a posse de todas as partes da cadeia de valor, mas pelo contrário, combinar a forma de organização com a oportunidade que está buscando. Isso significa utilizar modos contratuais de exploração das oportunidades, tais como licenciamento, franquias, e alianças estratégicas, quando as oportunidades são caras de explorar; quando você precisar explorar as oportunidades rapidamente; quando lhe faltam as capacidades para explorar as oportunidades por você mesmo; quando as tecnologias que você estiver explorando forem discretas, baseadas em conhecimento codificado, sujeitas aos padrões técnicos e estiverem ligadas a ativos complementares não-especializados; e quando os problemas com informações advindos do mau recrutamento de funcionários e das fugas do trabalho forem dominantes.

Regra número 10: Administre de forma eficaz os riscos e as incertezas. Você terá mais sucesso se reduzir o risco que seu novo empreendimento enfrenta, buscando informações adicionais, minimizando a magnitude dos investimentos e mantendo a flexibilidade. Também terá mais sucesso se realocar os riscos para aquelas pessoas mais capacitadas a administrá-los, os investidores diversificados, para os *stakeholders* experientes ou especializados e para aquelas pessoas para as quais as atividades são menos arriscadas. Você terá mais sucesso se administrar as percepções dos riscos de seu empreendimento obtendo endossos de representantes do *status quo*, aderindo às regras e normas estabelecidas, e por dedicar-se às ações coletivas. Finalmente, você terá mais sucesso se usar duas ferramentas para avaliar oportunidades: opções reais e análise de cenários.

UM COMENTÁRIO FINAL

Dentre o vasto número de pessoas que começam empresas de alta tecnologia nos Estados Unidos todos os anos, poucos são bem-sucedidos. A maioria desses fundadores de empresas de alta tecnologia acaba fracassando e não tem retorno financeiro por todo seu esforço. Entretanto, todos os anos um pequeno número de pessoas começa empresas de tecnologia verdadeiramente bem-sucedidas que abrem seu capital e alcançam grandes retornos para elas e para a maioria das pessoas envolvidas. Embora as chances de ser muito bem sucedido não sejam grandes, isso não quer dizer que os empreendedores sejam impotentes para melhorar suas chances de estar entre o pequeno número de histórias de sucesso.

Este livro explicou que ser um empreendedor bem-sucedido é como ser um bom jogador profissional. Se você souber quais são os jogos em que as chances são menos favoráveis à casa, e entender as regras do jogo que você está jogando, você pode aumentar em muito suas chances de ganhar. As regras esboçadas no livro o ajudarão a identificar o solo fértil – uma oportunidade de negócio verdadeiramente extraordinária que irá favorecer o desenvolvimento de uma nova empresa de alta tecnologia. Embora essas informações não garantam seu sucesso, elas irão aumentar suas chances.

Agora que você conhece as regras do empreendedorismo tecnológico, está pronto para jogar. Boa sorte.

Lista de referências para as tabelas e figuras

TABELA 1.1: Percentual de empresas em indústrias selecionadas que se tornaram empresas *Inc 500*. Fonte: Adaptado de dados contidos em Eckhardt, J. 2003. *When the Weak Acquire Wealth: An Examination of the Distribution of High Growth Startups in the U.S. Economy*. Ph.D. diss., University of Maryland.

TABELA 3.1: A curva em S do desenvolvimento tecnológico. Fonte: Adaptado de Foster, R. 1986. *Innovation: The Attacker's Advantage* (New York: Summit Books).

TABELA 5.1: A distribuição normal da adoção de produtos. Fonte: Adaptado de Rogers, E. 1983. *Diffusion of Innovations* (New York: Free Press), p. 247.

TABELA 5.2: Cruzando o abismo. Fonte: Adaptado de Moore, G. 1991. *Crossing the Chasm*. (New York: Harper Collins), p. 17.

TABELA 5.3: A curva em S da difusão. Fonte: Adaptado de Rogers, S. 1983. *Diffusion of Innovations*. (New York: Free Press), p. 243.

TABELA 6.1: Um exemplo do efeito da curva de aprendizado sobre as taxas de produção. Fonte: Adaptado de Baron, R., e Shane, S. 2005. *Entrepreneurship: A Process Perspective* (Mason, Ohio: Southwestern), p. 41.

TABELA 7.1: A eficácia das patentes de produtos por indústria. Fonte: Adaptado de Levin, R., Klevorick, A., Nelson, R., e Winter, S. 1987. Appropriating the returns to industrial research and development. *Brookings Papers on Economic Activity* 3, p. 797.

TABELA 10.1: Um exemplo da avaliação por opções reais. Fonte: Adaptado de Afuah, A. 1998. *Innovation Management: Strategies, Implementation and Profits* (New York: Oxford University Press), p. 209.

Índice

A

A vantagem de ser o primeiro, 63-64, 135-137
Acelerar o passo em direção ao mercado, 144-145
Acordos de não fazer concorrência, 27
Administrar a evolução tecnológica, 53-67
   negócios de retornos crescentes, 61-62, 66
   o papel dos projetos dominantes, 57-60
   padrões evolucionários de desenvolvimento, 54-55
   padrões técnicos, papel dos, 59-62
   projetar as curvas em S de Foster, 55-58
Administrar a propriedade intelectual, 115, 128-129
Administrar os riscos e as incertezas, 153-167
   convencendo os *stakeholders* a correr riscos, 164-167
   estratégias de percepção de riscos, 159-161
   estratégias de realocação de riscos, 158-160
   estratégias de redução de riscos, 154, 158-159
   ferramentas para, 161-165
Administrar problemas de informações
   na organização, 147-150
   problemas da revelação, 147-148
Adoçao
   de novos produtos, 30
   de um projeto dominante, 30-32
Adoção do cliente, 30, 83-95
   capturar a maior parte do mercado, 85-87
   dinâmicas de mercado e, 88-94
   escolher os clientes certos, 87-89
   padrão da, entendendo, 83-86
Alianças estratégicas, 144, 160
Amazon.com, 41, 103-104
Análise de cenários, ferramenta para administrar incertezas, 161-165
ARPANET, 45
Ativos complementares, 100-101, 137-141
   importância dos, 138-139
   mecanismos de captura dos retornos do lançamento do novo produto, 137-141
Ativos complementares especializados, 139

B

Barnes & Noble, 103-104
Buscar informações, 154-156

C

Capitalistas de risco, 158-159
Capturando a maior parte do mercado, 85-87
Capturando os retornos da introdução de novos produtos, 131-141
   a vantagem da curva de aprendizado na, 134-135
   a vantagem de ser o primeiro, 135-137
   ativos complementares, 137-141
   estabelecer uma reputação, 133-135
   obtendo o controle dos recursos, 131-132
Carona, 149
Ciclos de vida da indústria, 30-32
Cliente
   amarração do, 63-64
   demanda de, 28-29
   exigências do, no processo de venda, 78
   necessidades, identificar e satisfazer, 69-71
Coca-Cola, 118, 120
Codificação do conhecimento, 26-27
Coletar informações sobre as preferências dos clientes, 71-74
   pesquisa de mercado, 73-74
Concentração, 33
Condições do conhecimento, 24-28
   codificação do conhecimento, 26-27
   complexidade do processo produtivo, 24-26
   criação de conhecimento novo, 26-27
   inovação, 26-27
Contratos, 146-147
Convencendo os interessados a correr riscos, 164-167
Copyrights, 121-122

Curva de aprendizado, 30-31, 97-99
    mecanismos de captura dos retornos do lançamento do novo produto, 134-135
    vantagem das empresas consolidadas, 97-99
Curva em forma de S, 55-58
    de difusão, 90-91
    definição, 55
    do desenvolvimento tecnológico, 55-56
Custo
    da produção de remédios, 62
    da reputação da marca, 133-134
    de exploração de oportunidade, 143-144
    de mudança tecnológica, 38
    de mudar de produto, 63-64
    de produzir *software*, 62
    de propaganda, 33
    fixo, 157
    patenteamento, 124-125
    variável, 157
Custos de mudanças, 63, 136
Custos fixos elevados, 78-79
Custos ocultos, 78-79

D

Definição do preço de novos produtos, 78-80
    fatores nos custos de produção, 78-79
    influência do ambiente na, 79
Demanda, condições da, 28-29
    aspectos da, 28-29
Demanda, mudança na, 40
Dependência do capital humano, 109
Desenvolvimento, padrões evolucionários de, 54-55
Desregulamentação, oportunidades para um novo negócio, 39
Dinâmicas de mercado, 88-94
    estimativas estáticas, a armadilha das, 88-90
    padrões de difusão e de substituição, 90-94

E

eBay, 63, 136
Economias de escala, 99-100
Endosso, 160
Escolher a forma adequada de organização, 143, 147-151
    acelerar o passo em direção ao mercado, 144-145
    administrar problemas de informações na organização, 147-150
    a natureza da tecnologia, 145-148
    custo de exploração, 143-144
    fazendo uso das melhores capacidades, 145-146
    modos contratuais de exploração de oportunidades, 144-150
    modos de exploração de oportunidade baseados no mercado, 143-147
    modos hierárquicos de exploração de oportunidades, 143-147
Escolher a indústria certa, 23, 34-35
Estimar o tamanho do mercado. *Veja* Dinâmicas de mercado
Estimativas estáticas/determinísticas, a armadilha das, 88-90
Estratégias de percepção de riscos, 159-161
Estratégias de realocação de riscos, 158-160
Estratégias de redução de riscos, 154-159
    buscar informações, 154-156
    manter a flexibilidade, 158-159
    minimizar investimentos, 156-158
Estratégias dos sistemas abertos, 64-65
Estrutura industrial, 32-34
Ethernet, 44
Exploração de oportunidades
    modos baseados no mercado, 143-147
    modos contratuais da, 144-150
    modos hierárquicos da, 143-147
Externalidades de rede, 62

F

Fazendo uso das melhores capacidades, 145-146
Fechando uma venda, 78
Ferramentas para administrar riscos e incertezas, 161-165
Flexibilidade, manter a, 158-159
Fluxo de caixa, 99-100
    descontado, 162
Forma de organização, 143, 150-151
Formas de oportunidades: além de novos produtos ou serviços, 41-42
Franquias, 148-149
Fraquezas das empresas consolidadas,
    a exploração das capacidades existentes, 102-104
    a necessidade de recompensar os empregados, 106-107
    a necessidade de satisfazer os clientes existentes, 104-106
    desenvolvimento de produtos em uma burocracia, dificuldades para o, 107-108
    exploração das, 101-108
    limitações impostas pela estrutura organizacional, 105-106
    o foco na eficiência, 101-102

G

General Motors, 137

H

Hyundai, 137

I

Identificar e satisfazer reais necessidades
    coletar informações sobre as preferências do cliente, 71-74
    do mercado, 69, 80-81
    entender os processos de *marketing* e vendas, 77-80
    necessidades, coisas que é bom ter e coisas desnecessárias, distinguir 74-75
    oferecer alternativas melhores do que a concorrência, 76-77
Identificar oportunidades valiosas, 37-50
    acesso às informações, 45-46

combinando a inovação com os tipos de oportunidades, 42-44
entender a cadeia de inovação, 43-45
fontes de oportunidades, 37-41
formas de oportunidades: além de novos produtos ou serviços, 41-42
processamento de informações eficaz, 47-49
reconhecer a existência de uma oportunidade, 45-46

Imitação
de um processo documentado, 119-120
barreiras legais à, 121-122
de novos produtos e serviços, 115-118

Inc 500, 23-24
Incertezas, 110-111
ferramentas para administrar, 161-165

Indústria
ciclos de vida da, 30-32
de novas empresas, 24-25, 33-34
dimensões que afetam o desempenho dinâmica, efeito das mudanças tecnológicas na, 38-39
estrutura da, 32-34, 40-41
mudanças na, 40-41

Indústria farmacêutica, 33

Informações
acesso às, 45-46
buscando, 154-156
problemas com, administrar, 147-150
processamento eficaz de, 47-49

Inovação, 26-27
cadeia de, importância de entender a, 43-45
relação entre a oportunidade e a, 42-44

Inovadores, 84-85
Intel, 27
Intensidade de capital, 32
Internet de banda larga, 63

K

Kodak, 103-104

L

Licenciamento, 145-146
Livros eletrônicos, 57

M

Manter a flexibilidade, 158-159
Marcas registradas, 121-122
Mercados segmentados, 28-29
Microsoft, 59-61
Minimizar investimentos, 156-158
"Modelo da lâmina de barbear", 63-64
Modos contratuais de exploração de oportunidades, 144-150
Modos de exploração de oportunidades baseados no mercado, 143-147
Modos hierárquicos de exploração de oportunidades, 143-147

Mudança
na estrutura da indústria, 40-41
política e de regulamentação, 39-40

Mudança tecnológica, 37-39
custo da, 38
efeito na dinâmica da indústria, 38-39
viabilidade comercial de, 38

Mudanças sociais e demográficas, 39-40
mudança na percepção, 40
tendência demográfica, 40
tendência social, 39-40

N

Necessidades reais do cliente
desenvolver uma solução econômica para as, 74-76
identificar as, 69-71
satisfazer as, 71

Negócios de retornos crescentes, 61-66
a indústria de *software* como exemplo de, 62-64
custos de mudança e, 63
e a amarração do cliente, 63-64
estratégias dos sistemas abertos nos, 64-65
grandes apostas nos, 64-66
parceria estratégica nos, 64-65

Netscape, 45
Nome da marca, 32

Novas empresas
dimensões da indústria que afetam desempenho das, 24-25, 33-34
que se tornam empresas *Inc 500*, por indústria, 25

O

Obtendo o controle dos recursos, 131-132
Oferecer alternativas melhores do que a concorrência, 76-77
Opções reais, ferramenta para administrar incertezas, 161-165

Oportunidades
e inovação, relação entre, 42-44
exploração de, custo da, 143-144
reconhecer as valiosas, 45-46

Oportunidades que favorecem às novas empresas, 108-111
dependência do capital humano, 109
incertezas, 110-111
tecnologias discretas, 108-109
uso geral, 109-110

Oportunidades, fontes de, 37-41
mudança tecnológica, 37-39
mudanças na estrutura da indústria, 40-41
mudanças políticas e de regulamentação, 39-40
mudanças sociais e demográficas, 39-40

P

Padrões de difusão, 90-94
Padrões de substituição, 90-94
Padrões evolucionários de desenvolvimento, 54-55
Padrões técnicos, papel dos, 59-62
Paradoxo da revelação, 147-148
Parceria estratégica, 64-65
Patentes, 121-128

custos associados às, 124-125
definição, 121-122
desvantagem das, 126-127
eficácia das, por indústria, 127
importância das, 121-123
limitação das, 122-124
Percepção, mudança na, 40
Plano de negócios, desenvolvendo, 155
Problemas da revelação, 148
Processo de *marketing*, 77-80
    definindo o preço de novos produtos, 78-80
Processo de produção complexo, 24-26
Processo de vendas, 77-80
    exigências do cliente, 78
    fechando uma venda, 78
    gerar interesse no cliente, 77
    venda pessoal, importância da, 77-79
Processo produtivo, complexidade do, 24-26
Projetar a adoção do cliente, 83-86
Projetos dominantes
    adoção de, 30-32
    características, 59-60
    fatores que levam a, 59
    o papel dos, 57-60
Propaganda
    intensidade, 32-33
    marca, 133-134
Propriedade intelectual, 115-129
Protocolo de voz na Internet, 39, 55-56, 63, 103-104

R

Reconhecer uma oportunidade valiosa, 45-46
Recursos, obter o controle dos, 131-132
Rede DISH, reivindicação de patente, 126
Reputação, 98-100
    estabelecer uma, 133-135
Reputação da marca, 133-134
    custos relativos à, 133-134
Retardatários, 85
Retornos decrescentes, 61-62

S

Segredos industriais, 119-121
Sigilo, 117-121
    segredo industrial, 119-121
    uso eficaz do, 118-119
Solução econômica para necessidades reais do cliente, 74-76
Sony, 134-135
Stakeholders, convencendo-os a correr riscos, 164-167
Sun Microsystems, 60

T

Tamanho médio da empresa, importância do, 33-34
Teclado QWERTY, 60
Tecnologias discretas, 108-109
Tendência demográfica, 40
Tendência social, 39-40
TiVo, reivindicação de patente, 126

U

Uso geral, 109-110

V

Vantagens das empresas consolidadas, 97-101
    ativos complementares, 100-101
    curva de aprendizado, 97-99
    economias de escala, 99-100
    fluxo de caixa, 99-100
    reputação, 98-100
Venda pessoal, importância da, 77-79

W

Windows, sistema operacional, 59-60

X

Xerox Corporation, 44